_____ 님

지식산업센터 투자를 통해서
월세 1,000만 원 받으시기를 바랍니다.

저자 나눔부자 김형일 드림

지식산업센터
투자의 정석

수익형과 차익형 두 마리 토끼를 잡는

# 지식산업센터
# 투자의 정석

나눔부자
(김형일)
지음

매일경제신문사

# 주택 규제의 시대,
# 정부에서 지원하는
# 지식산업센터에 투자하라

"지식산업센터가 뭐야?"

"아파트형공장은 뭐야?"

"나는 아파트만 투자해봐서 다른 데 투자는 못 하겠어요."

우리나라 국민의 50% 정도가 무주택자다. 아직도 '집을 사면 큰일 난다'고 생각하거나, 대출 갚는 것이 두려워 '집값이 하락하면 어떻게 하냐'며 매입을 피한다. 납세 때문에 기피하거나, 집을 사면 사회적 보장을 못 받을까 봐 안 사는 사람도 많다. 물론 이렇게 항변하는 사람들이 있을 것이다. '사기 싫은 것이 아니라 사고 싶어도 방법이 없다'라고. 그러나 매입하려고 노력한다면 어떤 방법이든 찾아낼 수 있다. 다만, 매입가보다 하락할까 봐 못 사는 것이다. 지식산업센터 투자를 못 하겠다고 말하는 사람은 무주택자들이 '아파트를 안 사봐서 못 사겠어요'라고 말하는 것과 같다. 지금 3주택 이상 소유한 사람이라면 무주택자의 이 이야기에 동조할 수 있을까?

지금은 '주택 규제의 시대'다. 규제받는 주택에 투자하기보다는 지식산업센터에 투자할 때다. 현 시대에 투자 대비 수익률이 제일 높은 투자처가 지식산업센터 투자라고 필자는 과감하게 말하고 싶다. 과거 3년 전부터 지식산업센터를 공부하고 임장을 다녔던 필자는 여러 번 매입을 시도해봤다. 3년 전만 해도 자금 문제와 명의 문제 그리고 투자 대비 수익률을 고려했을 때 주택 시장이 더욱 매력적인 시장이었다. 그러나 지금은 다르다. 주택 규제가 날로 강력해지는 시장 상황으로 봤을 때, 지식산업센터가 대세 상승장이 되고 있음을 강하게 느꼈다. 올 한해에만 10개의 지식산업센터를 계약했다. 그리고 실제로 사용하면서 본격적인 사업을 하기 위해 가산동 SJ테크노빌을 매입했고 입주를 앞두고 있다.

필자는 직접 투자하고 경험하고 실천한 것을 바탕으로 강의를 한다. 그 강의 내용을 정리해서 책으로 펴냈다. 필자의 강의는 네이버 카페 '나눔스쿨'을 통해 들을 수 있다. 이미 펴낸 책으로 《부자가 된 짠돌이》, 《부의 나침반》이 있다.

필자가 지식산업센터에 투자하게 된 이유는 이렇다.

첫째, 정부가 주택 매매를 규제하면서 양도세는 최대 82.5%,

취득세와 종부세는 각각 최대 12%를 내야 한다. 대출이 막혀 있어 투자금을 마련하기 어려운 상황이다. 그러나 지식산업센터는 다르다. 투기과열지구와 상관없이 서울에서도 2년만 지나면 일반과세가 적용된다. 주택과 달리 여러 곳을 매입하더라도 취득세는 4.6%로 동일하다.

둘째, 주택은 다주택자들의 대출을 강력하게 규제하므로 대출이 어렵다. 그러나 지식산업센터는 사업자 대출로 개인이나 법인이나 최대 90%까지 대출할 수 있다. 시간이 지나 시세가 상승하면 재감정을 통해서 추가 대출도 가능하다.

셋째, 서울 도심 준주거지역은 전체 면적의 3.3%로 토지가 제한돼 있어 토지가격이 점점 상승한다. 물론 건축비용도 올라 분양가격이 점점 높아져서 가격이 상승할 수밖에 없다. 지식산업센터의 가치는 당연히 상승한다.

넷째, 상가와 빌딩에 비해 층고가 높고 제조업도 가능해서 활용도가 높다. 상가와 빌딩이 나홀로 아파트라면, 지식산업센터는 활용도가 높고, 편의시설도 잘되어 있으며, 자주식 주차가 가능한 대단지 아파트라고 생각하면 된다.

다섯째, 최근 강력한 주택 매매 규제정책으로 아파트 투자자들이 투자할 곳이 없어져 지식산업센터로 몰린다는 것이다. 수요가 많아지면 가치가 상승하고 가격이 오른다는 것은 어린아이도 아는 수요와 공급의 법칙이다.

*여섯째*, 분양권 전매가 자유롭다. 아파트 분양권은 다주택자에게 분양도 안 될 뿐만 아니라 대출 규제도 받는다. 그러나 지식산업센터는 다수의 분양권이어도 분양 및 대출이 가능하다. 게다가 언제든지 전매할 수 있다.

이렇게 필자가 지식산업센터에 투자한 이유를 간단하게 설명했는데, 지식산업센터의 더 많은 장점과 상세한 내용을 본문에 담았다.

투자는 타이밍이다. 주택 규제가 날로 강력해지고 있듯이 지식산업센터도 규제가 시작된다. 내년이 되면 지식산업센터도 분양권 전매가 금지된다. 타이밍을 놓치고 '그때 할걸'이라고 후회해도 소용없다. 기차가 떠나기 전에 잡아타야 한다. 부자로 가는 기차는 항상 있는 게 아니다. 필자는 차후 1년 동안 세계여행을 떠날 계획이다. 해외 부동산 투자 여행이다.

경제적 자유와 시간적 자유를 열망하는 독자 여러분에게
전국 부동산여행을 다니는
나눔부자 김형일

6년 전에는 아파트 갭 투자를, 4년 전에는 분양권 투자를, 2년 전에는 상가 투자를 추천했던 나눔부자 김형일 대표가 이번에 추천한 부동산 상품은 지식산업센터이다. 이번 신간은 무엇에 투자해야 할지 길을 잃은 투자자들에게 새로운 기회를 만들어주는 혜안과 지름길이 될 것이다.

스마트튜브 부동산조사연구소 **김학렬 소장**

저자는 '짠돌이카페' 시절 절약왕으로 방송 출연까지 했던 분이라 부자가 되고픈 서민들의 마음을 잘 이해하고 있다. 요즘 주택시장은 부동산 규제로 인해 대출이 어렵고, 세금은 늘고 있어 새로운 공부를 해야 할 시점이다. 누구나 처음 하는 것은 어려운데, 투자 경험이 풍부한 김형일 대표의 이 책과 함께한다면 월세와 양도차익, 두 마리 토끼를 다 잡을 수 있을 것이다.

《나는 마트 대신 부동산에 간다》 저자 **김유라**

텐인텐을 꿈꾸는 자 도전해야 한다. 경제적 자유, 시간적 자유를 얻으려면 월세 수익을 만들어놓아야 한다. 10년 동안 지켜본 나눔부자는 20년 동안 부동산 투자를 해온 전문가이다. 요즘 같은 부동산 규제의 시대에 투자처로서 인기가 높은 것이 바로 지식산업센터이다. 수익성이 높고, 환금성이 좋은 지식산업센터가 여러분의 노후생활을 윤택하게 만들어줄 것이라고 생각된다.

'텐인텐' 카페지기 **박범영**


나눔부자는 실행력이 강한 가성비 투자의 천재다. 투자 대상의 탐구와 분석, 그리고 이론과 실행까지 쫀쫀한 투자 로드맵을 완성했다. 이 책을 통해 아파트에 이어 지식산업센터 투자의 정석이 무엇인지 보여줄 것이다.

'짠돌이카페' **대왕소금**

# Part 01

## 지식산업센터 낱낱이 해부하기

# Part 02

## 지식산업센터의 장점

## Part 03

# 지식산업센터는 공장만 있는 게 아니다

## Part 04

# 부자 되는 지식산업센터 투자하기

## Part 05

# 지식산업센터, 이곳에 투자하라

코로나로부터 해방되어 지식산업센터 아지트에서 만날 날을 기다리며

## 부록

# Part 01

# 지식산업센터
# 낱낱이 해부하기

# 지식산업센터
# 제대로 이해하기

지식산업센터란 무엇일까? 지식산업센터의 원래 명칭은 '아파트형공장'이었다. 아파트가 토지를 효율적으로 활용한 주택이듯, 지식산업센터는 여러 공장과 기업이 입주할 수 있도록 허가한 건물을 말한다.

서울을 비롯한 수도권의 중소제조업체는 과거에 공장부지가 감소하고, 수도권 내 공장입지 규제로 운영에 큰 어려움을 겪었다. 이를 해소하기 위해 도입된 것이 아파트형공장이었다. 아파트형공장은 홍콩, 싱가포르 등 공업용지가 부족한 국가에서 활성화된 방식이다.

아파트형공장은 처음 조성된 1990년대에는 제조 중심 집합 공장이었다가 2000년대에 이르러 IT 및 벤처기업의 메카로 변모했다. 이후 산업 트렌드에 따라 변화를 거듭했다. 첨단산업의 입주가 크게 늘면서 2009년에는 명칭도 지식산업센터로 변경됐다.

'산업집적활성화 및 공장설립에 관한 법률(이하 산업집적법)'에 의하면 지식산업센터는 '제조업, 지식산업 및 정보통신산업을 영위하는 자와 지원시설(최소 6개 업체 이상)이 복합적으로 입주할 수 있는 다층형(3층 이상) 집합건축물로 대통령령으로 정하는 것'을 말한다. 제조업 외에도 지식산업 및 정보통신산업 등 제조, 운영 기업인과 기업지원시설이 복합적으로 입주하는 건축물로 법적으로 재정의된 것이다.

지식산업센터는 지상 3층 이상의 집합건축물이어야 하고, 공장, 지식산업의 사업장, 정보통신산업의 사업장이 6개 이상 입주할 수 있어야 한다. 용적률은 300% 이상이어야 하는데, '국토의 계획 및 이용에 관한 법률' 제78조에 따라 용적률을 조례로 따로 정한 경우, '산업기술단지 지원에 관한 특례법' 제8조에 따라 면적을 준수하기 위한 경우는 예외다. '수도권정비계획법'에 따라 과밀억제권역 안에는 공장 등의 설립이 원칙적으로 제한되어 있지만, 지식산업센터는 예외적으로 신설·증설이 가능하다는 점에도 주목해야 한다.

지식산업센터의 역사를 더욱 자세히 살펴보자. 1988년 2월 '공업배치 및 공장설립에 관한 법률'에 따라 최초의 아파트형공장이 등장했다. 이후 도시 내 제조업체 집적화정책(협동화정책)의 일환으로 1979년 최초로 '아파트형공장 사업'이 시범적으로 실시됐다. 1988년에는 법률 개정을 통해 아파트형공장의 설립 근거가 마련되었다.

1990년대에는 아파트형공장에 대한 정부의 지원정책이 확대됐다. 정부가 벤처기업 육성에 발 벗고 나서면서 세제 혜택과 건설비 지원을 바탕으로 공급이 활성화됐다. 2008년까지 아파트형공장으로 불리던 지식산업센터는 2009년 법률 개정으로 명칭을 바꾸었다. 지식산업센터는 오피스(사무실) 빌딩과는 달리 내부에 생산시설을 설치할 수 있는데, 이것은 지식산업센터의 큰 장점이다.

2010년에는 관련 법률 개정을 통해 명칭뿐만 아니라 건축물 및 입주 요건도 함께 개편됐다. 지식산업센터는 동일 건축물에 제조업, 지식산업, 정보통신산업 업종 회사와 지원시설이 복합적으로 입주할 수 있는 다층형 집합건축물을 의미한다. 준수 규정은 다음과 같다.

> **'산업집적활성화 및 공장설립에 관한 법률 시행령'**
>
> 제4조의6(지식산업센터)법 제2조 제13호에서 "대통령령으로 정하는 것"이란 다음 각 호의 요건을 모두 갖춘 건축물을 말한다.
> 1. 지상 3층 이상의 집합건축물일 것
> 2. 공장, 제6조제2항에 따른 지식산업 사업장 또는 같은 조 제3항에 따른 정보통신산업의 사업장이 6개 이상 입주할 수 있을 것
> 3. '건축법 시행령' 제119조제1항제3호에 따른 바닥면적(지상층만 해당)의 합계가 같은 항 제2호에 따른 건축면적의 300% 이상일 것
> (*다만, 산업기술단지 지원 특례법 및 국토 계획법상 제한이 있다면, 해당 법률을 따른다.)

산업집적법 시행령 제36조의4에 의하면 지식산업센터에 입주할 수 있는 시설은 다음과 같다.

1. 제조업, 지식산업 및 정보통신산업, 기타 특정 산업의 집단화 및 지역경제의 발전을 위하여 지식사업센터에 입주가 필요하다고 시장·군수·구청장이나 관리기관이 인정하는 사업

2. '벤처기업육성에 관한 특별조치법'에 의한 벤처기업을 영위하기 위한 시설

3. 기타 입주업체의 생산활동을 지원하기 위한 시설(다만, 시장·군수 또는 구청장이나 관리기관이 당해 지식산업센터의 입주자의 생산활동에 지장을 초래할 수 있다고 인정하는 시설을 제외)

기타 입주업체의 생산활동을 지원하기 위한 시설에는 금융, 보험, 교육, 의료, 무역, 판매업(당해 지식산업센터에 입주한 자가 생산한 제품을 판매하는 경우)이 있다. 이외에도 물류시설, 입주기업의 사업을 지원하거나 보육시설, 기숙사 등 직원들의 복지 증진을 위해 필요한 시설은 입주할 수 있다. 건축법 시행령에 따라 제3호 및 제4조 규정에 의한 근린생활시설이어도 입주할 수 있다. 면적 제한이 있는 경우에는 그 제한면적 이내의 시설에 한한다.

# 정부에서 지원받는
# 지식산업센터

지식산업센터는 주로 택지지구 내에 들어선다. 그만큼 정부에서 지원하는 사업이다. 신도시가 들어설 때 산업시설 즉, 일자리 없이 주택만 들어서면 출퇴근 거리가 너무 멀어진다. 그러므로 직주근접(職住近接)을 위해 직장을 만들어주는 것이다.

지식산업센터는 기존 산업시설과 비교했을 때 사용면적이 적다는 장점이 있어서 정부에서 지원해준다. 입주업체말고도 입주업체 지원시설이 입주할 수 있다. 산업집적법 제28조의5제1항제3호에 '그 밖에 입주업체의 생산활동을 지원하기 위한 시설(부대시설), 은행, 증권사, 보험사 등 금융업체, 간단한 음식점, 통합형 기숙사, 헬스장 등 운동시설, 교통안내시설 등'이 입주할 수 있다고 명시했다.

여러 개 동으로 구성된 규모가 큰 지식산업센터의 경우 1개 동은 기숙사나 일반 상업시설로 쓸 수 있도록 오피스텔이 있다. 지방자치단체나 정부, 공공기관들은 지식산업센터를 매우 좋아한다. 놀고 있는 나대지에 지식산업센터가 들어서면 양질의 일자리를 창출하는 수단으로 활용하기 좋기 때문이다. 일반 공장은 도시계획상 공업지역에 입주하나, 지식산업센터는 제3종 일반주거지역이나 준주거지역, 준공업지역 등에 지을 수 있다.

신도시 및 택지지구를 개발할 때 100% 아파트를 짓지 않고 일부를 지식산업센터를 건립해서 분양할 수 있다. '자족기능 확충'이라는 명목으로 가능하다. 수도권 지방자치단체들이 특히 지식산업센터 건립과 분양을 선호한다. 수도권 지역은 과밀억제권역이라서 공업지구 설정이 제한돼 일반 산업단지를 짓기 어렵다. 하지만 지식산업센터는 예외로 지을 수 있기 때문이다.

이명박 정부에서 지식산업센터가 일반주거지역에 들어설 수 있게 관련 법률 개정을 통해 허가했다. 당시에는 부동산 경기가 좋지 않았다. 게다가 친기업 정책으로 기업이 살아야 국민이 산다는 생각으로 기업의 일자리를 많이 늘리는 게 복지라 생각했다. 결과적으로 그 덕분에 수도권에 지식산업센터가 많이 지어지게 됐다. 사실상 수도권에 대한 규제가 완화됐다고 볼 수 있다.

현재 분양하는 단지 중에서 2기 신도시에는 '자족시설'이라는 것이 있다. 앞서 언급했듯 도시개발계획을 세울 때 거주지만 계획하는 게 아니고, 산업 발전을 위한 시설도 계획한다. 지식산업센터는 토지를 효율적으로 활용하는 산업시설로 신도시에 많이 생기고 있다. 대표적인 곳으로 향동, 구리갈매, 덕은, 다산 등이 있으며, 앞으로 들어설 3기 신도시에도 많이 생길 것이라 예상한다.

| 구분 | 융자한도 | 상환조건 |
|---|---|---|
| 지식산업센터 건설 | 200억 원 이내<br>(공장건설비의 75%) | 3년 거치, 5년 균분상환 |
| 지식산업센터 입주 | 8억 원 이내<br>(입주자금의 75%) | 3년 거치, 5년 균분상환 |
| 벤처기업 집적시설 및<br>SW진흥시설 설치사업 | 200억 원 이내<br>(건축경비의 75%) | 3년 거치, 5년 균분상환 |
| 벤처기업 입주 | 8억 원 이내<br>(입주자금의 75%) | 3년 거치, 5년 균분상환 |
| 공장용지 임대사업 | 20억 원 이내<br>(용지매입비의 75%) | 3년 거치, 5년 균분상환 |
| 산업단지 입주지원 | 8억 원 이내<br>(용지매입비, 건축비의 75%) | 3년 거치, 5년 균분상환 |
| 산업단지 입주지원 | 8억 원 이내<br>(용지매입비, 건축비의 75%) | 3년 거치, 5년 균분상환 |
| 공장 및 사업장 설치사업 | 50억 원 이내(사업비의 75%) | 3년 거치, 5년 균분상환 |

※균분상환은 균등분할상환을 말한다.                    출처 : 중소벤처기업부

시행하는 입장에서도 지식산업센터는 장점이 많다. 중소기업을 지원하기 위한 시설이기 때문에 택지 매입 시 취득세를 감면받을 수 있다. 또한, 건설에 필요한 자금에 대한 금리를 저렴하게 해주는 특혜를 받는다. 지식산업센터를 건설할 경우, 200억 원 이내

(공장건설비의 75%)의 자금을 3년 거치, 5년 균분상환(균등분할상환을 말한다. 이하 균분상환)이라는 조건으로 대출할 수 있다. 지식산업센터에 입주할 경우, 8억 원 이내(입주자금의 75%), 3년 거치, 5년 균분상환 조건이 적용 가능하다. 또한 벤처기업 집적시설 및 S/W진흥시설 설치사업으로 200억 원 이내(건축비의 75%)의 자금을 3년 거치, 5년 균분상환 등의 조건이 적용되는 등 정부에서 여러 가지 지원을 받을 수 있다.

정부는 지식산업센터를 매입하는 중소기업에게도 취득세 감면과 재산세 감면, 법인세 감면 등 많은 혜택을 주고 있다. 대출도 저금리로 해주고 있다. 사업하는 중소기업에게 정책자금을 최대 60억 원까지 해주는 등 정부의 지원이 폭넓어, '투자를 안 하면 오히려 손해'라는 말도 나온다. 이와 같은 내용은 세금 관련 부분에서 상세하게 한 번 더 설명하겠다.

| 종류 | 성격 | 적용 법령 | 지원 대상 | 감면 내용 |
|------|------|-----------|-----------|-----------|
| 취득세, 등록세 | 지방세(시도세) | 광역지자체조례 | 건설자 및 최초 입주업체 | 면제 |
| 재산세, 종토세 | 지방세(시군세) | 기초지자체조례 | 상동 | 5년간 50% 감면, 종토세 분리과세 |

※종토세는 종합토지세(이하 종토세)를 말한다.                   출처 : 중소벤처기업부

# 지식산업센터는
# 어떻게 시작됐나?

지식산업센터는 원래 아파트형공장이라 칭했다. 아파트형공장이 생긴 이유는 제한적인 토지를 최대한 활용하기 위해서였다. 적은 면적에 많은 산업시설을 효율적으로 입주할 수 있게 하는 방편이었다. 입주업체는 도심에 입주했다는 장점으로 인력난을 완화할 수 있었고 경쟁력도 강화할 수 있었다.

아파트형공장이라는 이름대로 초기에는 소규모 공장들이 모여 있는 아파트였다. 광명시범공단은 아파트에 둘러싸여 어디가 아파트인지, 어디가 공장인지 알 수 없을 정도로 비슷하다. 관리실도 입구와 가깝게 만들었다.

아파트단지에 둘러싸인 광명시범공단

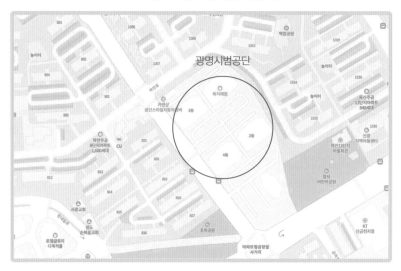

출처 : 네이버 지도

아파트단지와 구분되지 않을 만큼 유사한 광명시범공단

과거 서울 도심에 위치한 구로공단의 봉제공장, 섬유공장에서는 폐기물과 매연이 많이 나왔다. 서울의 공기와 물을 정화하기 위해 공단을 첨단산업단지로 발전시켜야만 했고, 발전 계획을 실행하려고 지식산업센터를 짓기 시작했다.

아파트형공장은 2008년을 기점으로 빠르게 변모했다. 우리나라에 불어닥친 벤처붐도 한몫했다. 동남아와 중국에 제조 시장을 빼앗긴 것도 아파트형공장이 지식산업센터로 변화하게 된 계기가 됐다. 이때 국내 제조공장은 급격히 줄어들었다.

2009년 아파트형공장은 지식산업센터로 이름이 바뀌었다. 지식산업센터는 공장으로 분류되지만, 실제 용도를 살펴보면 사무실로 가장 많이 쓰인다. 외곽지에 위치한 지식산업센터는 드라이브인(Drive-in) 형태인 창고나 물류센터, 그리고 연구소 등으로 사용되는 게 대부분이다. 더 나아가 아시아 최초의 IT 신도시인 홍콩 지산 사이버포트나 대만 난강 소프트웨어단지를 벤치마킹한 대한민국 판교 테크노밸리 사업을 시작으로, 서울에서 수도권으로, 수도권에서 지방으로 확산되고 있다.

옛 구로공단과 안양천(좌), 현 구로공단과 안양천(우)의 모습

1989년 주안시범공단에 국내 최초로 분양한 주안 아파트형공장

# 지식산업센터의
# 변화 과정

    1990년대 아파트형공장은 의류, 인쇄 등 물류의 비중이 큰 제조업을 위한 시설이었다. 튼튼한 구조의 하중 설계, 물류 하역공간이 많은 것이 특징이었다. 대형 화물 승강기는 필수 설비였다. 기능 위주로 설계돼 외관이 폐쇄적이었으며, 품질이 낮은 내장재를 사용했다. 출입구도 좁은 것이 특징이었다.

    2000년대 아파트형공장은 벤처붐에 따른 벤처기업 사무실 임대 수요를 흡수하기 위해 건설됐다. 특히 가산디지털단지와 성수동에 많이 지었다. 이때부터 커튼월(Curtain Wall) 입면을 도입하는 등 외관의 수려함을 중요시하기 시작했다. 규모도 대형화하기 시작했다. 대형 지식산업센터는 가산디지털단지 우림라이온스밸리가 대표적이다. 이 시기에 지식산업센터는 첨단지식산업 기반의

인텔리전트빌딩(Intelligent Building)으로 거듭나기 시작했다.

2010년 아파트형공장은 산업집적법에 의해 지식산업센터로 명칭이 변경됐다. 첨단업무시설로 인식되기 시작했고, 공용공간이 확충됐으며, 주차공간도 확보됐다. 전용률의 50% 전후로 지어지기 시작했다. 제조업과 지식산업을 기반으로 하는 중소벤처기업들이 공존하는 시기였다.

동탄 테크노밸리 금강펜타리움IX

출처 : 동탄 테크노밸리 금강펜타리움IX 분양 홍보 홈페이지

2020년대에는 규모는 더욱 대형화했고, 지식산업센터뿐만 아니라 오피스텔, 물류창고, 쇼핑몰, 영화관까지 함께 들어서는 등 새로운 변화가 시도되고 있다. 성수동의 생각공장을 시작으로 동

탄 테크노밸리 금강펜타리움IX, 동탄 실리콘앨리, 분양 초읽기에 들어간 CJ제일제당 부지는 지식산업센터, 판매시설, 문화 및 집회시설 등을 갖추어 제2의 코엑스로 여겨질 정도다.

가양동 CJ제일제당 부지 개발 조감도

출처 : 시행사 홍보자료

# 지식산업센터에
# 주목해야 하는 이유

2021년 쏟아져 나오는 부동산 규제정책으로 전국이 떠들썩하다. 다주택자들은 적폐로 취급받는 상황이다. 취득세가 12%이고, 법인으로 가지고 있으면 종부세를 6% 내야 하며, 양도세는 최고 82.5%까지 내게 된다. 아파트 분양권과 입주권은 최고 70%를 내야 하는 상황에서 투자 가치가 있다고 볼 수 있을까? 열심히 노력해서 신중하게 투자해도 투자 이익금의 대부분을 세금으로 내야 한다.

부동산 규제정책은 주택에 집중돼 있다. 주택은 생필품이다. 우리나라 국민이라면 누구나 우리나라의 주택에 거주해야 하지 않는가. 특히 아파트는 생활의 편리성으로 누구나 선망하는 거주지다. 새 아파트에 거주하고 싶은 욕망은 더욱 크다. 그래서 새 아파트를 중심으로 아파트 가격은 폭등과 조정을 반복하게 된다. 그러나 지식산업센터는 사업하는 사람들이 사용하는 것이다. 중소기업들의 성장과 발전을 위해서 정부에서 규제하지 않을 뿐만 아니라 오히려 지원해주는 사업이다. 산업시설이므로 앞으로도 정부에서 규제하는 것은 어려울 것이라 여겨진다. 간단하게 지식산업센터 투자의 장점을 꼽자면 다음과 같다.

첫째, 아무리 많이 사도 종부세가 거의 없다.

둘째, 조정대상지역, 투기과열지구와 상관없이 중과세가 아니고 일반과세다.

셋째, 사업자 대출로 LTV(Loan to Value Ratio, 주택담보대출비율), DTI(Debt to Income, 총부채상환비율)와 상관없이 대출이 가능하다.

넷째, 상가와 다르게 최대 90%까지 대출이 가능하다.

다섯째, 분양권은 언제든지 전매가 가능하며, 몇 개라도 분양받을 수 있다.

여섯째, 실사용할 때 취득세와 재산세를 감면받을 수 있다.

일곱째, 관리가 쉽고 매도가 쉬워 환금성이 뛰어나다.

여덟째, 아파트처럼 서비스면적이 있다.

아홉째, 관리비가 저렴해서 오피스에 비해 경쟁력이 뛰어나다.

열째, 정부에서 밀어주는 사업으로 규제가 없다.

이외에도 장점은 많지만, 지식산업센터의 장점에서 한 번 더 자세하게 설명하겠다. 부동산 규제는 이제 주택뿐만 아니라 토지, 상가까지 확대되고 있다. 대출로 규제가 시작되고 있는 시점이다. 잘못 투자하면 매도가 어려워 투자 수익을 회수할 방법이 없어질 수도 있다. 그런 측면에서 본다면 부동산 규제 청정지역인 지식산업센터 투자는 다른 부동산 투자처의 대안으로 충분한 매력을 가지고 있다.

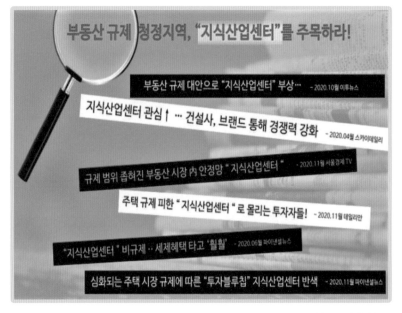

출처 : 네이버 뉴스

한 가지 덧붙이자면, 주로 중소 건설회사에서 건설하던 지식산업센터를 이제 대형 건설회사에서도 짓기 시작했다. 래미안, 푸르지오, 더샵 등 아파트 브랜드를 만들어 분양하던 대기업 건설사에서 생각공장, SKV1, 데시앙플렉스, 현대테라타워 등 지식산업센터 브랜드를 속속 만들어내고 있다. 대기업도 이제 아파트가 아닌 지식산업센터에 주목하고 있다. 대기업의 발 빠른 움직임을 주시해야 한다.

# 지식산업센터의
# 정책목표와 기대효과

지식산업센터는 정부에서 특별한 목표를 설정하고 효과를 기대하며 시작했다. 특별한 목표란 대도시 공업용지난 해소다. 대도시 공업용지가 절대적으로 부족한 상황에서 토지이용의 고도화(고층화)를 위해 단층으로만 지어지던 공장을 아파트처럼 고층으로 지어 올려서 용지난을 해소하기 위해서였다.

또 중소규모의 작업장이 난립해서 주거환경을 훼손하고 도시기능을 저해하는 것을 지식산업센터를 통해서 막을 수 있을 것이라 예상했다. 도시환경 개선 효과 또한 기대했던 것이다. 정부는 지식산업센터 분양 시 취득세와 보유세도 감면해주는 제도를 만들었다. 중소기업이 고지가 지역에서 저렴한 가격으로 자가공장을 확보해서 경쟁력을 높일 수 있게 하려고 만든 제도다.

지식산업센터는 주거 기능을 저해하지 않는 산업단지여서 직주근접을 가능하게 하고, 대도시 내에 자리잡아 기업에 노동력 공급기반을 제공한다. 기업은 노동력에 어려움을 겪지 않아도 되고, 노동자는 직주근접이 가능하게 되며, 지역은 지역경제를 활성화시킬 수 있다. 이것이 지식산업센터의 순기능이다.

부대시설을 공용할 수 있도록 허용하고, 일괄 관리해서 관리비가 절감되도록 운영할 수 있다는 것도 지식산업센터가 갖는 장점이다. 규모의 경제와 범위의 경제를 키워 중소기업이 부대시설을 별도로 보유하지 않아도 된다는 것은 경쟁력 제고에 큰 역할을 할 것으로 기대했다.

중소기업의 집단화로 동업종 및 이업종이 교류가 가능하게 하고, 원활한 업무를 위해 업무지원시설도 갖췄다. 관련 기업 간 기술과 정보의 교류도 물리적인 거리를 좁혀 더욱 활발하게 진행될 가능성을 높였다.

대도시 내 많은 공장이 지하에서 열악한 작업환경에 처해 있었던 것도 정부가 근대화된 시설, 작업환경 개선, 생산성 향상을 지향하는 지식산업센터를 계획하고 지원하게 된 이유다. 지식산업센터가 열악한 작업환경을 개선하리라 기대한 것이다.

# 부동산 규제
# 청정지역

지식산업센터는 앞서 설명했듯이 중소기업을 지원하기 위한 시설로, 중소기업인에게 분양하기 위해 건설됐다. 그러나 중소기업인 입장에서는 임대가 아닌 분양을 선택하기가 쉽지 않다. 여러 가지 변수로 사업의 성공을 장담하기 어렵기 때문이다. 분양을 받고 나서 얼마 지나지 않아 사업을 그만둬야 한다면 처분절차가 매우 복잡해진다. 또 사업자금 마련만으로도 빠듯한데 건물 매입에 자금을 투입하는 것도 아주 큰 부담으로 작용할 수 있다.

정부에서는 이런 상황을 고려해서 지식산업센터를 임대사업자가 분양받아 임대하는 것을 허용했다. 산업단지 내에 주거용 오피스텔이 입주하는 것도 허가했다. 이처럼 다른 부동산 시장이라면 불가능한 많은 지원을 지식산업센터에 쏟아부었다. 지식산업센터가 산업시설이기 때문에 가능했던 것이다.

　2018년 5월, 산업통상부는 '전국 27개 국가산업단지 관리 기본계획 변경 고시' 관련 보도자료를 통해서 청년 일자리를 창출하고, 청년들의 근무환경과 정주환경을 개선하기 위해 지식산업센터를 지원하겠다는 내용을 발표했다. 청년들이 원하는 신산업 및 창업 공간 대폭 확대라는 측면에서 지식산업센터 규제를 대폭 완화하겠다는 것이다. 민간 투자를 유치하고, 정부 재정 투입도 확대하겠다고 밝혔다. 지식산업센터에서의 임대사업자 임대 또한 이와 같은 취지에서 허용한 것이다.

　또한, 지식산업센터의 지원시설 비중을 20%에서 30~50%로 확대했다. 산업단지 내 지식산업센터 임대가 가능해져 새로 창업하고자 하는 창업자들이 부담 없이 잠깐 빌려서 창업하고, 규모가 커지면 큰 사무실로 이사할 수 있도록 했다. 따라서 임대사업자와 창업자 간의 윈윈전략이 가능해졌다.

　2020년에는 서비스업도 산업단지에 입주할 수 있게 허용됐다. 이와 같은 내용을 담은 산업집적법 시행령 개정안이 국무회의 심의에서 의결됐다는 보도자료가 나왔다. 이전까지 법적으로 규정된 입주업종만으로는 신산업과 산업 간의 융합을 적기에 수용하지 못하고 있었던 것이 개정 배경이다. 또 미분양과 공장휴폐업 등으로 발생한 유휴부지를 제대로 활용하지 못하고 있는 현실도 반영한 결과였다.

최근에는 서울 G밸리 가산디지털단지에서의 업종제한을 줄이려는 서울시 측의 움직임이 있다. G밸리 국가산업단지계획을 수립해 상업과 주거, 복합적으로 개발이 가능하게 하려는 것이다. 업종제한을 최소화하고 관리도 고도화해서 IT제조업, 소프트웨어 개발 및 공급업체뿐만 아니라, 물류, 유통, 문화, 지식산업 등 다양한 산업이 들어와 융복합 효과가 커지는 것을 기대하고 있다. 이 조치가 G밸리뿐만 아니라 국가산업단지 모든 곳에 긍정적 효과로 나타날 가능성이 높다. 경기도와 지방에까지 효과가 미칠 것이라 예상된다.

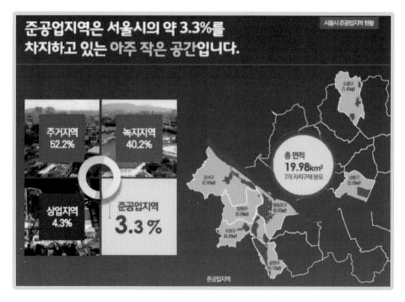

준공업지역은 서울시의 약 3.3%를 차지하고 있는 아주 작은 공간입니다.

주거지역 52.2%
녹지지역 40.2%
상업지역 4.3%
준공업지역 3.3%

총 면적 19.98km²
7개 자치구에 분포

출처 : 서울시 보도자료

서울의 준공업지역은 서울 전체 면적에서 약 3.3%를 차지한다. 주거지역이 52.2%로 제일 큰 면적을 차지하고 있고, 그다음은 녹지지역으로 40.2%에 달한다. 상업지역은 4.3%로 3.3%인 준공업지역이 상업지역보다 적게 차지하고 있다.

지식산업센터를 지을 수 있는 토지는 제3종 일반주거지역, 준주거지역, 준공업지역이다. 아파트단지가 들어설 수 있는 일반주거지역과 준주거지역에 지식산업센터를 지을 이유는 없다. 따라서 아파트를 지을 수 없는 3.3% 정도의 준공업지역에만 지식산업센터를 짓는다. 그런데 요즘 서울 아파트 시장이 불안정하니, 서울시에서 준공업지역이 많은 영등포구에 준공업지역 재생사업이라는 명목으로 신산업거점개발과 연계해서 주택을 지으려고 한다.

서울 시내 준공업지역 7곳 주거 및 산업지역으로 개발

출처 : 〈국민일보〉

서울에서 낡고 침체된 준공업지역이 용적률 완화 등의 지원을 받아 준공업지역 종합발전계획을 통해 개발될 예정이다. 산업밀집(공공지원형), 주거·산업 혼재지역(산업정비형), 역세권 등이 산업, 주거, 문화 기능이 조화된 공간으로 탈바꿈할 계획이다. 가산동, 문래동 등 준공업지역이 많은 곳에서 추진된다. 그런데 준공업지역은 3.3%에 불과하다 보니 지식산업센터를 지을 토지는 부족하다. 그래서 토지가격이 상승하고, 토지가격이 상승하는 만큼 지식산업센터 분양가는 하늘을 찌를 듯하다.

현 정부에서 추진 중인 주택공급을 위한 '가로주택사업'으로 준공업지역에서 미니재건축이 활기를 띄고 있다. 그래서 더욱더 준공업지역이 귀해질 것 같다. 최근 가산디지털단지 인근 토지가격이 평당 5,000만 원을 호가하고 있다. S&T 부지가 2,025평인데, 평당 4,690만 원에 매수해서 인창개발에서 시행하기로 했다는 기사가 났다.

서울 자치구별 준공업지역 면적을 보면 영등포구는 502만㎡이고 구로구는 428만㎡, 금천구는 411만㎡, 강서구는 291만㎡, 성동구는 205만㎡, 도봉구는 148만㎡ 순이다. 영등포구가 구로구나 금천구보다 많다. 영등포구는 미래 지향적이며, 위치도 좋아 발전 가능성이 높다.

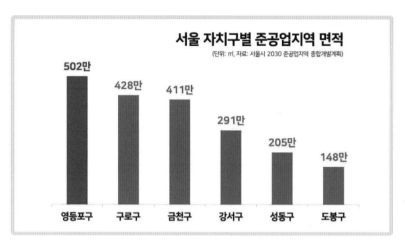

**서울 자치구별 준공업지역 면적**

(단위: ㎡, 자료: 서울시 2030 준공업지역 종합개발계획)

| 영등포구 | 구로구 | 금천구 | 강서구 | 성동구 | 도봉구 |
|---|---|---|---|---|---|
| 502만 | 428만 | 411만 | 291만 | 205만 | 148만 |

출처 : 〈땅집고〉

## 5분 만에 개인사업자 만드는 방법

지식산업센터를 매입하기 위해서는 사업자등록증이 필요하다. 개인사업자는 세무서에 직접 가서 신청서를 쓰고 만든다. 홈택스를 이용하면 공인인증서만으로 5분 만에 신청서를 쓸 수 있다. 컴퓨터가 능숙하지 않아도 다음 순서대로 따라 하면 누구나 쉽게 신청서를 작성할 수 있다.

첫째, 홈택스에 접속한다(네이버에서 홈택스라고 치면 바로 조회된다).

둘째, 첫 화면에 '신청/제출'이라는 메뉴를 클릭한다.

셋째, 다음 화면이 뜨면 '사업자등록신청서(개인)'를 클릭하면 된다. 그러면 로그인 창이 나오고 공인인증서를 선택 후 비밀번호를 넣고 로그인한다.

• 필수 작성 내용에 상호명, 주민등록번호, 성명, 전화번호, 기본주소 등을 기입한다.

- 상호명은 생각해둔 상호명을 기입한다.

- 사업장 소재지는 사업장이 있는 경우에는 사업장으로 하고, 없는 경우에는 자택 주소를 적는다. 혹시 자가가 아닌 경우에는 임대차계약서를 첨부하면 된다. 가족명의인 경우, 무상임차 계약서를 만들어 첨부하면 된다. 만약 지식산업센터를 사용하기 위해 분양받았다면 분양받은 사업자 주소지로 등록하면 된다.

- 업종선택은 보통 사업자코드 741400(경영 컨설팅업)이나 사업자코드 722000(응용소프트웨어 개발 및 공급업)을 많이 선택한다.

- 사업장 정보 입력은 개업일자를 적고 종업원 수, 자기 자금, 본인 소유인 경우는 본인 소유, 타인 소유인 경우나 법인인 경우는 타인 소유를 선택한다.

- 사업자 유형 선택은 반드시 일반사업자를 선택해야 한다. 만약 지식산업센터에 입주하기 위해 분양받았다면 분양받은 지식산업센터의 완공 시기를 개업일자로 해서 신청하면 된다.

넷째, 제출서류 선택할 때, 자가인 경우는 첨부할 것이 없다. 임차인 경우, 첫 줄 '[공통] 임대차계약서 사본(사업장을 임차한 경우에 한함)'에 오른쪽 파일 찾기를 누르고, 스캔한 임대차계약서(무상임대차계약서)를 첨부한다.

다섯째, 최종확인 시 '확인하였습니다'를 체크하고, 제출서류 선택 확인하기를 실행한다. 다음 '신청서 제출하기'를 클릭하고, '신청서를 제출하시겠습니까?' 하고 물으면 확인한다. '신청되었습니다'라고 나오면 끝이다.

따라 해보면 생각보다 쉽다. 완료는 보통 3일 이내라고 안내되지만, 실제로는 3시간 정도 지나면 신청이 완료됐다는 문자를 받을 수 있었다. 안내문자를 받으면 다시 홈택스에 접속해서 사업자등록증을 프린트하면 된다. 물론, 세무서에 가서 발급받아도 된다. 하지만 이렇게 온라인으로 하면 더욱 간단하다. 만약 신청서에 문제가 있다면 관할 세무서에서 연락이 온다. 서류를 더 첨부하거나 잘못된 점을 수정하면 된다.

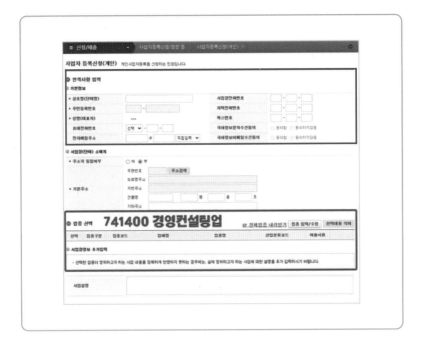

# Part 02

# 지식산업센터의
# 장점

# 반드시
# 성공할 수 있는 이유

　지식산업센터의 장점을 끝없이 이야기할 수 있다. 강의할 때도 지식산업센터의 장점만 2시간은 말할 수 있다. 필자가 지식산업센터 투자를 시작한 것은 다른 이유가 아니라 장점이 아주 많기 때문이다. 처음 지식산업센터를 접한 것은 3년 전이었다. 하지만 투자를 미뤘다. 그때는 지식산업센터보다 더 좋은 투자처가 있었기 때문이다. 그런데 왜 지금은 지식산업센터 강의를 하고, 투자를 하고 있는가?

　투자는 유연한 사고로 임해야 한다. 아파트, 분양권, 구축, 신축, 재개발, 재건축, 토지, 상가, 지식산업센터, 빌딩 등 투자할 곳은 다양하다. 필자는 한 곳에만 집중 투자하는 것은 잘못된 방법이라고 생각한다. 부동산 투자라는 큰 틀에서 시기마다, 정책마다,

지역마다, 투자 종목이 달라져야 한다.

과거 필자는 전국 부동산을 보지 못하고 대구 지역만 봤다. 어느 지역이 저평가됐고, 어느 지역이 고평가됐는지 몰랐다. 숲을 보지 못하고 나무만 보고 투자를 했다. 이제는 경매로 어떻게든 싸게만 사려고 했던 과거를 벗어나 전국을 보게 됐다. 이제는 더 크게 볼 것이고, 나아가 해외 부동산 투자까지도 도전해볼 것이다.

작년까지는 투자 종목에 제한을 두지 않았고, 지역에도 제한을 두지 않았다. 그런데 올해는 수도권 지식산업센터 10곳에 투자하게 됐다. 왜 지식산업센터에 이렇게 투자하는 것일까? 지금부터 투자할 수밖에 없는 지식산업센터의 장점에 대해서 나열해보기로 하겠다.

# 세제 혜택

지식산업센터는 세제 혜택이 있다. 2022년 말까지 취득세는 50% 감면되고, 실사용자라면 재산세는 37.5% 감면받을 수 있다. 이 혜택은 지방세특례제한법 제58조2항에 의한다. 지식산업센터를 신축하거나 증축해서 설립하면 최초로 해당 지식산업센터를 분양받은 입주자가 받는 혜택이다. 사업시설용으로 직접 사용하기 위해 취득 후 5년 이상 실사용해야만 적용된다. 이 기한은 연장될 가능성이 높다. 왜냐하면 지금 중소기업이 많이 어려운 상황이고, 국가적으로 벤처기업을 육성해야 하기 때문이다.

과밀억제권에서 과밀억제권 밖으로 본사를 이전하는 법인의 경우 4년간 법인세를 100% 감면받을 수 있다. 이것은 복잡한 서울과 수도권에 밀집된 법인을 지방으로 옮겨서 지역 발전을 꾀하는 정책의 일환이다.

| 구분 | 2020년 부동산 취득 시 기본 세율 | | 5년 이상 법인, 개인사업자 | |
|---|---|---|---|---|
| 취득세 | 2011년 법 개정 취·등록세 통합 | 2.0% | 50% 감면 세율 적용 (납부세액 50%) | 1.0% |
| 등록세 | | 2.0% | 50% 감면 세율 적용 (납부세액 50%) | 1.0% |
| 지방교육세 | 등록세율(2%)의 20% | 0.4% | 등록세율(1%)의 20% | 0.2% |
| 농어촌특별세 | 취득세율(2%)의 20% | 0.2% | 취득세율(1%)의 10% | 0.1% |
| 합계 | | 4.6% | | 2.3% |

# 투자 분석이
# 이렇게나 쉬울 수가!

　지식산업센터 투자자는 아파트에 투자하다가 최근 집중된 여러 가지 규제 때문에 지식산업센터로 관심을 돌린 경우가 많다. 그러면서 아파트 투자는 분석이 쉬운데 지식산업센터는 어렵다고 말한다. 그건 말이 안 된다. 서울과 전국에 포진한 아파트라는 종목을 분석하려면 어마어마한 양의 공부가 필요하다. 그러나 지식산업센터는 서울과 수도권만 공부하면 된다. 공부 양에서 큰 차이가 난다. 지식산업센터는 서울과 수도권만 투자 가치가 있다. 그것도 서울 토지의 3.3%인 준공업지역에 들어서는 지식산업센터와 수도권 택지에 들어서는 몇 곳만 분석하면 된다.

　아파트 공부의 100분의 1만 하면 된다. 어렵게 느끼는 것은 아마 기본 지식이 부족해서일 것이다. 서울만 보더라도 많은 구 중에서 지식산업센터가 모여 있는 5개구(구로구, 금천구, 성동구, 송파구, 영등포구)만 공부하면 된다.

서울시 지자체의 입지별 지식산업센터 수

| 지자체 | 국가산업단지 | 개별(산업단지 밖) | 총합계 |
|---|---|---|---|
| 강남구 | | 3 | 3 |
| 강동구 | | 2 | 2 |
| 강북구 | | 2 | 2 |
| 강서구 | | 18 | 18 |
| 관악구 | | 1 | 1 |
| 구로구 | 42 | 5 | 47 |
| 금천구 | 122 | 20 | 142 |
| 노원구 | | 3 | 3 |
| 도봉구 | | 3 | 3 |
| 마포구 | | 2 | 2 |
| 성동구 | | 81 | 81 |
| 성북구 | | 1 | 1 |
| 송파구 | | 17 | 17 |
| 양천구 | | 1 | 1 |
| 영등포구 | | 28 | 28 |
| 종로구 | | 1 | 1 |
| 중구 | | 2 | 2 |
| 중랑구 | | 3 | 3 |
| 총합계 | 164 | 193 | 357 |

※2020년 2월 기준　　　　　　　　　　　　출처 : 한국산업단지공단 자료

지식산업센터를 아파트에 비교해서 쉽게 설명해보겠다. 먼저, 주택이 단독공장과 단독상가라면 아파트(주상복합)는 지식산업센터(아파트형공장)라고 생각하면 된다. 주부들이 단독주택보다 아파트를 선호하는 이유는 관리실과 공동시설물이 있어 생활이 편리하고 관리가 쉬워서다. 중소기업의 대표들이 단독공장보다 지식산업센터를 선호하는 것은 주부가 아파트를 선호하는 이유와 같다. 관리가 편하고 이용이 편리하기 때문이다. 높은 건물에 공장과 오피스가 모여 있는 지식산업센터는 관리가 잘되고, 비용도 저렴하다. 헬스장, 휴게실, 세무서, 스크린골프장과 같은 가깝고 편리한 시설도 있다. 또한 주택이 주차가 어려워 아파트를 선호한다면 단독상가도 주차가 어려워 주차시설이 잘되어 있는 지식산업센터를 선호한다. 이러한 장점 때문에 필자는 단독상가에 입점해 있는 사업자들의 상당수가 지식산업센터로 옮겨갈 것이라 예상한다. 지식산업센터의 업종제한이 계속 풀리고 있기 때문에 더더욱 빠르게 옮겨갈 것 같다.

지식산업센터를 많이 분양해서 물량이 너무 많은 것 아니냐고 반문하는 사람들이 많다. 아파트가 분양 물량이 쏟아져도 가격이 폭등하는 이유는 빌라나 주택 입주자가 아파트로 옮겨가기 때문이다. 새 아파트에 거주하고자 하는 욕망이 크기 때문도 있다. 이것과 마찬가지다. 작은 창고나 작은 공장, 그리고 단독상가나 작은 빌딩에 주차시설과 공공시설물이 미흡한 것에 불편함을 느낀 사업자들이 지식산업센터로 옮겨갈 것이기 때문에 걱정하지 않아도 된다. 지식산업센터는 규모가 크고, 주차시설이 좋으며, 부대시설이 많다. 충분한 수요가 있다는 것이 필자의 생각이다.

최근 임장을 다니면서 사무실을 몇 군데 돌아다녔다. 단독빌딩에 방문할 때와 지식산업센터에 방문할 때, 주차나 주변 부대시설을 비교해보면서 필자는 지식산업센터의 수요에 대한 염려는 하지 않아도 된다는 것을 충분히 알 수 있었다.

# 전매가 가능한
# 분양권

지식산업센터의 분양권은 전매가 가능하다. 전매는 아파트 분양권만 생각한다. 과거에는 전국 어디서나 아파트 분양권 전매가 가능했다. 2015년만 해도 개인이 많은 분양권을 살 수가 있었고, 언제든지 분양권 전매가 가능했다. 그러나 주택 시장이 호황을 이루고 주택가격이 급등하면서 정치적, 사회적 문제로 대두됐다. 현 정부는 투기지역에서는 완공 시까지 분양권 전매가 불가능하도록 규제했다. 전매가 가능한 지역이라도 1년 미만은 70%, 2년 이상은 60%의 양도세를 부과한다. 분양권 전매를 사실상 불가능하게 한 것이다. 또한 1가구 1개 이상은 분양권을 취득할 수 없고 취득하더라도 중도금 대출이 불가능하다.

그러나 현 시점에서 지식산업센터는 과거 아파트 시장이 호황이기 전처럼 얼마든지 분양권을 여러 개 매입해서 전매할 수 있다. 대출도 사업자라면 얼마든지 가능하다. 지식산업센터 분양권은 일반 아파트나 오피스텔 분양처럼 청약홈 같은 전산방식을 사용하지 않는다. 모델하우스에서 직접 계약하거나, 후분양할 경우 건물 내의 분양 상담실에서 오프라인만으로 분양한다. 아파트형공장을 지식산업센터로 확장할 때 법률을 개정해서 전산 분양제도를 도입하려 했지만 아직 관련 조항이 만들어지지 않아서 아직은 오프라인 계약만 가능하다.

**\*특정 업종을 대상 비공개 방식으로 입주자 모집 및 분양이 가능함**

- 산집법상의 입주 업종 제한 외에도 시행자는 지식산업센터 운영 효율화를 위해 특정 업종의 기업체를 입주자로 비공개 모집할 수 있어서 산업집적 효과 극대화가 가능하다.
- 비공개 방식으로 입주자를 모집하는 경우 지식산업센터를 특정 산업군에 적합하도록 특화 설계가 가능하므로, 산업집적 효과를 높이고 입주자 변동 가능성을 낮출 수 있다.

> **'산업집적활성화 및 공장설립에 관한 법률 시행령'**
> 제36조의3(분양공고안 승인의 제외대상) ①법 제28조의4제2항제1호에 따라 지식산업센터의 입주자를 비공개로 모집할 수 있는 경우는 다음 각 호의 사유로 지식산업센터를 설립하는 경우로서 시장·군수 또는 구청장이 해당 지식산업센터의 유치 등을 위해 미리 입주할 대상자를 정할 필요가 있다고 인정하는 경우로 한다.

1. 공공사업에 의해 철거되는 공장의 유치
2. 특정 업종의 집단유치
②법 제28조의4제2항제2호에서 "대통령령으로 정하는 규모 미만"이란 건축연면적 2,000제곱미터 미만을 말한다.

어찌 보면 이래서 모든 사업자나 투자자들이 공평하게 기회를 얻지 못하는 것일 수도 있다. 그러나 투자자에게 이런 틈새시장은 오히려 기회가 될 수 있다고 생각한다. 현 분양 시장은 시행사의 시대라고 표현해도 과언이 아닐 정도로 분양 경쟁이 심하다. 투자자나 실사용자들이 선호하는 아파트형공장을 상가와 함께 끼워 팔기도 하고 한 층을 묶어서 선호하는 호실과 그렇지 않은 호실을 묶어 판매하는 경우도 있다. 또한 층이 좋고, 선호하는 코너 호실을 시행사가 판매하지 않고 가지고 있다가 프리미엄을 받고 파는 경우도 가끔 나온다. 그래서 실사용자나 투자자들이 분양권을 매입하려고 해도 매입할 수 없는 상황이 생긴다. 인기가 좋은 성수동이나 영등포에서 나타나는 현상이다. 또한 분양대행사에서 일하는 분양사 직원도 인맥을 통해서 우량고객에게 먼저 좋은 층과 좋은 호실들을 분양해준다. 이런 상황은 지금의 지식산업센터 분양 시장이 얼마나 호황인지를 단편적으로 보여주고 있다고 본다.

필자는 선호하는 호실이나 층을 가격을 높이고 상가 가격을 낮

추면 형평성이 맞지 않나 생각한다. 요즘 아파트 분양가 상한제처럼 지방자치단체에서 시장의 원리를 이해하지 못하고 행정적으로 분양가를 관리해서 생기는 부작용이 아닐까 추측해본다. 하지만 그렇다고 투자를 포기할 수는 없다. 현 시장에 맞춰 프리미엄을 주고 사도 투자 가치가 있다면 사야 한다. 시행사와 분양대행사를 통해서 인맥을 쌓고, 좋은 층과 좋은 호수를 받기 위한 노력도 해야 한다.

최근 모 국회의원이 지식산업센터 분양권을 두고 과당경쟁이 일어난다 해서 분양계약 시점에서 준공 후(사용승인 후) 1년까지 전매 및 전매 알선을 금지하는 산업집적법 개정안을 발의했다. 이 개정안은 공포 후 3개월이 경과한 날부터 시행한다. 그리고 이 법이 시행되면 지식산업센터를 분양 또는 임대받은 경우부터 적용한다고 되어 있어 현 시점에서는 가능하다는 것이다. 산업집적법 개정안은 다음의 두 가지를 이야기하고 있다.

### 전매 제한

산업집적법 제8조의4항5(신설)에 따르면 지식산업센터를 분양받은 자는 분양계약을 체결한 날부터 사용승인 후 1년 범위에서 산업통상자원부령으로 정하는 기간에는 분양받은 자의 지위 또는 건축물을 전매(매매, 증여, 그 밖에 권리가 변동되는 모든 행위를 포함하되 상속은 제외한다. 이하 같다)하거나 이의 전매를 알선해서는 아니 된다. 분양 계약 시점부터 준공 후(사용승인 후) 1년까지 전매 및 전매 알선은 금지된다.

## 전대 금지

산업집적법 제28조의4제6항(신설)에 따르면 지식산업센터를 임대받은 자는 이를 다른 사람에게 전대하여서는 아니 된다. 지식산업센터 전대는 금지된다.

### 부칙(법률 적용)

제1조(시행일) 이 법은 공포 후 3개월이 경과한 날부터 시행한다.

제2조(지식산업센터의 전매·전대행위 제한에 관한 적용례) 제28조의4제5항 및 제6항의 개정규정은 이 법 시행 이후 지식산업센터를 분양 또는 임대받은 경우부터 적용한다.

아직 법이 통과되지 않은 지금은 분양받아도 전매가 가능하다. 그러나 이 법이 통과되고 나면 전매가 불가능해진다. 법이 통과되기 전에 분양권을 취득하는 것이 유리하다. 또한 이 법이 어떻게 진행되는지 관심 있게 봐야 한다. 어쩌면 이 책이 독자들에게 읽히고 있을 쯤에는 전매가 불가능할 수 있으니 유의해야 한다.

# 투자금이 적다

아파트 분양권에 투자해본 사람이라면 알 것이다. 투자의 성격은 투자금 대비 수익금을 따져야 한다. 보통 아파트 분양권은 계약금 10%, 중도금 대출 50%, 그리고 잔금 40%로 진행된다. 지식산업센터도 마찬가지다. 가끔 위치 좋은 아파트는 계약금 20%로 진행되는 곳도 있다. 송파 헬리오시티가 계약금 20%였는데, 지금 생각해보면 그만큼 분양에 자신이 있고, 위치가 좋은 곳이라는 것을 말해준다. 필자는 당시 제주도 임장을 다녔는데 프리미엄 500만 원에 매입 의사를 묻는 전화가 왔었다. 계약금 20%가 모자라 못 샀던 기억이 아직도 생생하다. 이렇게 투자 기회를 놓친 곳이 한두 군데가 아니다.

지금 지식산업센터는 과거 5년 전 아파트 시장처럼 흘러가고 있는 것이 아닌가 하는 생각이 든다. 10%의 계약금을 가지고 나머지 중도금 대출을 하고, 완공 시까지 2년에서 3년이라는 시간을 투자한다. 필자는 강의할 때 "부동산 투자는 시간에 투자하는 것"이라고 강조한다. 또한 "부동산은 그 물건을 사는 것이라기보다는 그 시기를 사는 것"이라고도 말한다. 시간이 지나서 '그때 살걸'이라고 아무리 말해도 소용이 없다. 당시에는 무엇을 사도 다 오르는 시기라 실력이 아니라고 말하는 사람도 있다. 그러나 그러면 그 시기에 당신은 왜 안 샀는가? 그 시기에 사는 용기와 마인드, 미래를 볼 줄 아는 눈이 실력이라는 것이다.

우리는 계약금 10%를 투자하고, 90%의 레버리지를 가지고 투자할 것이며, 2~3년 동안 인근 지식산업센터 가격이 오르거나, 인근 지식산업센터 분양가격이 오른다면, 그만큼 차액에 대한 프리미엄을 받아 수익성이 극대화될 것이다.

만약 분양권이 아닌 일반물건을 산다면 최소 매매가격의 30% 이상(실질 투자금+취득세+부동산세금+부동산수수료+인테리어 등)은 투자돼야 하므로 투자금이 많이 든다. 그래서 아파트도 분양권에 대한 투자 가치가 높아서 투자자들이 많이 몰리듯 지식산업센터도 분양권에 대한 투자 수요가 많은 것이다. 이 또한 완공 시 새 지식산업센터가 되어 실사용자나 사업자에게 인기가 높아질 것이라는 예상을 하게 되는 이유다.

최근에는 아파트 분양권 중도금이 이자가 있는 반면, 아직 지식산업센터 분양권 중도금은 무이자 대출을 해주고 있다. 또한 아파트 분양권과 달리 지식산업센터 분양권 대출은 사업자 대출이기 때문에 LTV, DTI를 따지지 않아 대출이 쉽게 이뤄진다. 이 대출금은 개인 총부채에 포함되지 않는다.

앞서 설명했듯이 분양권을 매입할 때는 부동산 중개수수료가 없다. 인테리어 비용, 부동산 취득세 등 부가로 들어가는 비용이 없다는 것도 최대의 장점이다. 또한, 아파트처럼 분양권을 단기매매했을 때 중과로 인한 양도세 70%를 내지 않는다. 2년이 지나면 일반과세를 낸다는 것도 큰 장점으로 작용한다.

# 관리가 수월하다

많은 부동산 투자자들이 주택 중에서도 아파트에 투자하는 이유가 있다. 관리가 수월하고 매매가 잘되기 때문이다. 이미 눈치 챘겠지만, 지식산업센터는 관리가 더 수월하다. 아파트처럼 문제가 생기면 관리실을 통해서 문제 해결이 가능하다. 주부들이 아파트를 선호하는 이유가 관리실에서 쓰레기 문제나 아파트에 관한 부대시설의 관리를 해주는 편리성에 있듯이, 지식산업센터도 문제가 생기면 관리실에서 해결해주기 때문에 투자자나 실사용자에게 편리성이 뛰어나다.

물론 일반 빌딩에도 관리실이 있다. 그러나 빌딩은 관리비가 평당 2만 원 내외라면 지식산업센터는 평당 5,000원 내외로 저렴하다. 실제로 대구 모 빌딩오피스는 월세와 관리비가 비슷한 경우가 많다. 오피스가 노후화되면서 냉난방기 등 시설관리비가 더 많이 들기도 하지만 적은 업체가 관리비를 나눠서 내면 각각의 관리비가 많이 들기 마련이다.

투자자들이 아파트에 투자하는 이유 중 또 하나 중요한 것은 유동성(자산을 현금으로 전환할 수 있는 정도를 나타내는 경제학 용어)이 좋다는 것이다. 일반 공장이나 빌딩과는 다르게 실수요자들이 늘 많다. 그래서 대출도 많이 나오고 여러 가지 경제적 가치가 높아서 거래가 잘된다. 얼마든지 자금이 필요할 때 현금화시키기 좋다는 것을 큰 장점으로 본다. 거주하지 않는 지역일지라도 투자자 입장에서는 관리의 편리성과 환금성으로 인해서 타 부동산에 비해 쉽게 접근할 수 있다.

# 투기과열지구가 없다

아파트는 투기지역, 투기과열지역, 조정대상지역이 있어서 양도세가 중과된다. 조정지역에서 2주택 이상일 경우 기본세율에서 20%가 중과된다. 조정지역에서 3주택 이상일 경우에는 기본세율에서 30%가 중과된다. 그러면 최고세율이 82.5%나 되어버려 매도를 하고 싶어도 양도세가 중과되기 때문에 매도를 할 수 없게 된다. 매도를 하더라도 양도세가 수익보다 더 많다. 그래서 과거에는 정부랑 공동투자를 한다는 말도 있었는데, 이제는 정부에 다 뺏긴다고 표현할 정도로 양도세 부담이 크다. 반면 지식산업센터는 2년 후 매도 시 중과되지 않는다. 중과되지 않는다는 것은 일반과세가 적용된다는 것이다.

주택 중과세

| 구분 | | | 현행 | | | | (2021. 6. 1부터) | |
|---|---|---|---|---|---|---|---|---|
| | | | 주택 외 부동산 | 주택·입주권 | 분양권 | | 주택·입주권 | 분양권 |
| | | | | | 비조정 | 조정 | | |
| 단기 보유 | 보유 기간 | 1년 미만 | 50% | 40% | 50% | 50% | 70% | 70% |
| | | 2년 미만 | 40% | 기본 세율 | 40% | | 60% | 60% |
| | | 2년 이상 | 기본 세율 | 기본 세율 | 기본 세율 | | 기본 세율 | |
| 중과 대상 | 조정지역 2주택 | | 기본세율+10% / 기본세율+20%(2021. 6. 1부터) | | | | | |
| | 조정지역 3주택 | | 기본세율+20% / 기본세율+30%(2021.6. 1부터) | | | | | |
| | 미등기 전매 | | 70% / *비과세 및 감면 적용 배제 | | | | | |
| | 비사업용토지 | | (2년 이상 보유 시)기본세율+10%P | | | | | |

출처 : 국토교통부

　또한 다주택자 및 법인 취득세도 중과가 돼, 개인이 2주택 투자 시에 8%를 세금으로 내야 한다. 3주택부터 비조정지역은 8%, 조정지역일 경우는 12%를 중과한다. 법인으로 매수 시에는 무조건 12%의 취득세를 내야 한다.

　반면 지식산업센터는 몇 개를 사더라도 4.6%만 부담하면 된다. 토지 및 건물 유상 취득인 경우 주택 이외에는 취득세 4%, 농어촌특별세 0.2%, 지방교육세 0.4%를 합쳐서 4.6%만 부담하면 된다.

주택매입 시 취득세 중과

| 구분 | | 총 주택수 | 비조정지역 | 조정지역 |
|---|---|---|---|---|
| 개인 | 무주택자의 취득 | 1채 | 1~3% | 1~3% |
| | 1주택자의 취득 | 2채 | 1~3% | 1~3%<br>(일시적 2주택 : 1~3%) |
| | 2주택자의 취득 | 3채 | 8% | 12% |
| | 3주택자의 취득 | 4채 | 12% | 12% |
| 법인 | | | 12% | 12% |

출처 : 국토교통부

# 종합부동산세가
# 거의 없다

주택은 2주택 이하면 최대 3% 종합부동산세(종부세)를 낸다. 조정대상지역을 포함해서 2주택 이상일 때는 6%의 종부세를 내야한다. 그리고 법인으로 주택을 소유하고 있을 때도 최대 6%의 종부세를 내야 한다. 그러나 지식산업센터는 조정대상지역과 상관없이 종부세가 없다. 물론 전혀 없는 것은 아니다. 지식산업센터에속한 토지의 공시지가 합이 80억 원이 넘으면 종부세가 나온다.그러나 지식산업센터 특성상 토지보다 건물이 공시가의 80% 이상을 차지하기 때문에 지식산업센터 합이 400억 원 정도가 돼야 종부세가 나온다. 그래서 없다고 말할 수도 있는 것이다.

지식산업센터는 주택과 달리 투기지역인 서울이라 해도 자금

조달계획서를 쓰지 않아도 된다. 그만큼 자유롭게 투자가 가능하다. 그래서 요즘 필자는 이렇게 주장한다. 서울에 아파트는 못 사도 지식산업센터는 살 수 있다(아못지살)!

폭등해버린 아파트 가격과 달리 아직 저평가되어 있는 지식산업센터 분양권에 도전해보자. 계약금만 있으면 얼마든지, 분양권을 몇 개라도 살 수 있다. 얼마 전 광명 아파트를 팔고 아이들 교육을 위해서 강남으로 전세를 갔던 부부가 자살했다는 신문기사를 봤다. 5년 전에는 서울에 빌라를 경매로 몇 채 샀다가 경제적으로 어려워져 자살했다는 사람의 기사도 본 기억이 떠오른다. 2016년이면 서울 시장이 상승하고, 조금만 참고 기다렸으면 가격이 올라 형편이 좋아졌을 텐데 하면서 너무 안타까웠다. 물론 매스컴에서 빌라 때문이 아닌 다른 이유가 있는데도 빌라를 더욱 부각시켜서 기사화했을 수도 있다. 최근에 강남으로 전세를 갔던 부부도 지금이라도 부동산에 대해 공부하고 열심히 방법을 찾았다면 더 좋은 생활을 할 수 있지 않았을까 하는 생각에 안타깝다. 억울해 할 것이 아니라 틈새시장을 찾아서 투자하자.

분양권을 샀을 때는 건물 부가세를 조기에 환급받을 수 있다. 분양권을 받기 위해 10% 계약금이 들어갔다고 해도 계약금과 중도금 약 60%에 대한 건물 부가세를 계산하면 약 6~7% 정도가 된다. 그러면 우리 입장에서는 전체 금액에서 3~4% 정도를 환급받는다. 즉, 6~7% 정도의 투자금만 들어간다는 것이다. 물론 건물 부가세 부분에 대해서는 일시불로 들어가는 게 아니고 계약금이 들어간 다음 환급받거나 중도금이 들어간 다음 환급받기 때문에 들어오는 시기가 다르다.

중도금 대출 시 건물 부가세를 은행에서 함께 대출해주는지 아니면 건물 부가세를 빼고 대출해주는지도 확인해봐야 한다. 만약 건물 부가세를 빼고 대출해주더라도 투자자는 건물 부가세를 내고 한 달 내로 환급받는 것이기 때문에 불리할 게 없다. 건물 부가세를 은행에서 대출해주는 것이기 때문에 나중에 잔금칠 때 은행에 건물 부가세 대출 부분에 대한 채무는 갚아야 한다.

# 최대 90%까지
# 대출이 가능하다

　　최대 대출이 90%까지라니! 그런 게 어디 있냐고 반문할 수 있다. 어찌 보면 분양권은 계약금 10%만 내면 완공 시까지 돈이 들어가지 않기 때문에 90%의 레버리지를 활용하는 것이다. 90% 전세금이 들어 있는 아파트 갭투자는 무이자 대출 90%(전세금)을 이용한 투자라고 볼 수 있다. 그러나 지식산업센터는 '어찌 보면'이 아니다. 진짜 은행에서 90%까지도 대출할 수 있다. 물론 담보 대출로 90%를 다 받을 수는 없다. 지식산업센터를 담보로 80% 정도 대출하고, 대표자 신용대출로 10% 정도가 나오는 경우가 자주 있다. 물론 임대해주는 경우는 대출금액이 적어진다. 지식산업센터를 매수해서 실사용하면서 직접 사업하는 사람에 한해서 대출이 80%까지 가능하고, 임대사업자는 대출금액이 적어진다.

거기에다 지식산업센터의 가격이 올라간다면 추가 대출이 가능하다. 영등포에 지식산업센터를 매입해서 입주한 지인은 2년 전 매입가보다 상승했고, 추가 대출을 2억 원이나 받아서 매입한 가격보다 더 많은 대출을 받았다.

또한 지식산업센터 활성화를 위한 다양한 정책이 있어 정책자금을 지원받을 수 있다. 중소기업진흥공단에서는 정책자금 최대 60억 원 한도에서 지원이 된다. 자금의 종류도 다양하다. 중소기업 육성자금, 창업기원 지원자금(중소벤처기업), 신성장 기반자금 등 경기도와 서울시 그리고 중소기업진흥공단에서 대출을 해준다. 시설자금으로 사업장건축자금, 공장설립비용과 운전자금(창업비용, 원자재구입, 월급, 물품대금지급 등)도 대출이 가능하다. 수입금의 90% 범위 내 정책자금은 업체의 신용평가 후 적격 업체에 한한다. 지원 가능 금액은 정책의 예산 및 업체 신용도에 따라 결정된다. 은행마다 조건은 상이하다. 시기에 따라 지급 한도 및 금리 변동의 가능성이 있으므로 해당 기관에 정확한 내용을 문의해야 한다.

| 자금종류 | 지원기관 | 대출기관 | 지원한도 |
|---|---|---|---|
| 중소기업 육성자금 | 경기도 | 1년 거치, 2년 균분상환 (운전자금) | 업체당 5억 원 이내 |
| | | 1년 거치, 2년 균분상환 (시설자금) 3년 거치, 5년 균분상환 (시설자금) | 업체당 30억 원 이내 |
| 창업기원 지원자금 (중소벤처기업) | 중소기업 진흥공단 | 2년 거치, 5년 균분상환 (운전자금) | 업체당 연간 10억 원 이내 |
| | | 4년 거치, 10년 균분상환 (시설자금) | 업체당 60억 원 이내 |
| 신성장 기반자금 | | 2년 거치, 5년 균분상환 (운전자금) | 시설 자금의 50% 이내 |
| | | 4년 거치, 10년 균분상환 (시설자금) | 업체당 60억 원 이내 |
| 기타 시설자금 | 시설 은행 | 개인 신용도에 따라 조건 상이 | 분양 금액의 최대 80%(개인 신용도에 따라 조건 상이) |

※ 수입금의 90% 범위 내 정책자금은 업체의 신용평가 후 적격 업체에 한하고, 지원 가능 금액은 정책의 예산 및 업체 신용도에 따라 결정되며 시설 은행마다 조건 상이
※ 시설자금 : 사업장 건축자금, 공장설립비용 등
　운전자금 : 창업비용, 원자재 구입, 월급, 물품대금지급 등

# 자주식 주차 시스템이다

　　오피스빌딩과 지식산업센터의 다른 점은 자주식 주차의 가능 여부다. 오피스빌딩은 불가능하고 지식산업센터는 가능하다. 앞서 오피스빌딩에서 지식산업센터로 많은 사업자들이 옮길 것이라는 이야기를 했다. 그 원인 중 하나가 자주식 주차다. 많은 사람들이 주택이나 빌라에 살면서 주차를 가장 불편해 한다. 그래서 주차전쟁을 피해 주차가 편리한 아파트로 이사가고 싶어 한다.

　　필자도 지금 30년 된 아파트에 거주하고 있다. 모든 불편은 해결되는데 직업 특성상 아침 늦게 출근하고 저녁 늦게 퇴근하다 보니 퇴근 후 주차시설이 부족한 아파트에서 이중주차를 해야 한다. 그리고 아침 늦게 출근하면서도 꼭 아침에 차량을 옮겨줘야 한다. 여간 스트레스가 아니다. 그래서 자주식 주차가 가능한 아파트로 옮기고 싶은 생각이 간절하다.

일반 오피스는 보통 장소가 협소해서 기계식 주차장을 사용한다. 거기에다 호실당 주차시설도 부족하다. 사업자 입장에서는 사무실 구할 때 주차장이 기계식인지 자주식인지 주차장 크기가 얼마나 되는지 고려하게 된다.

기계식 주차장은 기계의 구동에 의해 자동차를 입출고하는 주차방식으로 출퇴근 시 기계에서 빼내야 하기 때문에 시간이 많이 걸린다. 출퇴근 시간에는 30분 이상 걸릴 때가 많다. 반면 자주식 주차는 입출차 시간이 적게 들며 설치 및 유지 관리비가 저렴하고 언제든 출고가 가능하기 때문에 편리하다.

자주식 주차장 : 운전자가 직접 차를 운전해서 주차하는 방식

기계식 주차장 : 기계의 구동에 의해 자동차를 입출고하는 주차 방식

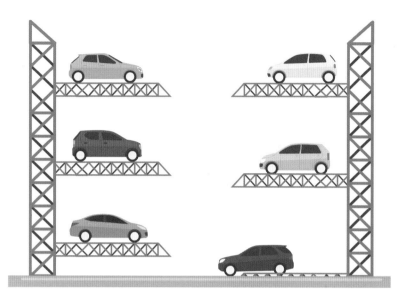

# Part 03

지식산업센터는
공장만 있는 게
아니다

# 지식산업센터 투자를
# 망설이는 이유

지식산업센터에 투자하라고 하면 먼저 지식산업센터가 무엇인지 몰라 망설이는 경우가 많다. 아파트만 투자해본 사람이라면 다른 것에 투자하는 것이 낯설고 두려울 수 있다.

필자가 5년 전 경매와 갭투자 경험이 많은 고수 투자자에게 송도 더퍼스트파크 아파트 분양권을 추천한 적이 있다. 그러나 그 투자자는 선뜻 투자를 하지 못했다. 당시 분양권은 4억 원 정도였다. 프리미엄은 300만 원이어서 계약금 10%에 프리미엄을 합쳐 4,300만 원만 투자하면 매입이 가능했다. 지금은 13억 원을 호가한다. 분양가 대비 3배 이상이 올라 있는 상황이다. 이렇듯 아무리 고수라도 직접 투자해보지 않고, 경험하지 않은 것이라면 어렵게 느껴질 수 있다. 3배 이상 가격이 오를 것이 예상되더라도 말이다.

요즘 주위에 지식산업센터는 어렵지 않냐고 질문하는 사람이 많다. 그러면 이렇게 답한다. 주택을 소유하지 않는 세대가 전국에 50%고, 1주택 보유자는 30% 정도로 추산한다면, 일시적 2주택 보유자는 10% 정도고, 3주택 이상 가진 다주택 보유자는 10% 정도일 것이다. 그러면 90% 정도는 아파트 투자가 정말 어렵다고 생각한다는 이야기다. 만약 그 90%의 사람이 당신에게 '아파트 투자는 정말 어렵지 않나?'라고 질문했을 때 어떻게 대답을 해줄 것인가 하고 되묻는다.

한편, 강의도 한 번 안 듣고, 책을 한 권도 안 읽고 투자하겠다고 하는 사람도 많다. 필자는 요즘 지식산업센터 투자를 강의하고 있다. 필자의 강의를 들은 사람들의 질문에 대답을 해준다. 필자가 3시간에서 5시간을 강의하면 거기서 이어지는 질문들이 많다. 강의를 듣지 않고 질문을 하면 필자의 대답을 이해시키기 위해 3시간에서 5시간을 개인에게 설명해줘야 한다. 사실 강의를 4주 커리큘럼으로 만들어 할 수도 있다. 그러나 그렇게 하지 않는다. 3시간만 핵심을 이야기해주면 나머지는 책이나 인터넷을 통해서 충분히 이해할 수 있기 때문이다.

강의는 네이버 카페 나눔스쿨(https://cafe.naver.com/jtkschool)에 가입하면 들을 수 있다. 몇천만 원, 몇억 원을 들여 투자하는데 강의비 몇만 원을 아낀다면 수강료의 몇십 배, 몇백 배에 달하는 리스크가 생긴다는 것을 알아야 한다. 10번을 들더라도 5만 원 강의는 50만 원에 불과하다. 강의를 듣고 투자를 잘해서 수익을 내면 몇천만 원에서 몇 억 원을 벌 수 있다. 수강료와 책에 투자하는 것만은 아끼면 안 된다.

가끔 초보(부린이)인데 어떤 강의를 먼저 들어야 하느냐 물어오는 경우가 있다. 부린이라면 이것저것 가리지 말고 들어보라고 권하고 싶다. 여러 강의를 들어보면 자신에 맞는 투자법이 나온다. 투자 방법은 사람마다 달라진다. 투자금이라든가 포지션이 다르므로 어떤 게 자신에게 맞을지 알 수 없다. 부동산 투자 강의는 어떤 강의든 다 연결돼 있다. 여러 강의를 듣다 보면 어느 순간 하나로 연결되는 것을 알 수 있을 것이다. 그러므로 다양한 강의를 듣고 책을 여러 권 읽은 후, 자신에게 맞는 투자법과 투자처를 선택하는 것이 좋다.

이 책을 두껍게 만들지 않은 이유는 지식산업센터 투자에 꼭 필요한 부분만 전달하면 되기 때문이다. 책을 통해 알게 된 것에 강의나 인터넷 자료를 통해서 자신에게 필요한 부분을 충분히 더 하면 된다. 지식 습득은 어렵지 않다. 이 책은 동기를 부여하는 것에 목적이 있다. 부동산 시장은 시시각각으로 변한다. 이 책이 어느 시점까지 잘 맞을지 장담할 수 없는 것도 굳이 많은 내용을 담지 않은 이유다.

지식산업센터를 매입하려고 찾아보면 항상 가격이 비싸다. 가격은 꾸준하게 우상향하기 때문이다. 아파트인 경우는 급상승하다가도 하락기에는 조정이 된다. 반면 지식산업센터는 이런 조정기는 거의 없다고 보면 된다.

필자가 《부의 나침반》이라는 저서에서 밝혔듯이, 현지 부동산 중개업자나, 분양권을 매매하는 분양권 매매자도 지식산업센터에 선뜻 투자하지 못한다. 지금 가격은 과거 가격보다 비싸다. 과거에 가격이 저렴할 때 중개하거나 분양한 것을 훨씬 더 비싼 가격에 선뜻 사지 못하는 것이다. 그래서 필자는 강의할 때 "현지인은 과거 가격을 알고, 투자자는 미래 가격을 예측한다"라고 말한다.

부동산 중개사무소 소장님이나 분양 팀장님들은 과거 가격을 알기 때문에 높아진 지식산업센터를 비싸다고 사지 못한다. 투자자들은 과거 가격을 잘 몰라도, 멀리 보고 올라갈 것이 예상되면 투자하게 되어 있다. 투자자들도 가끔 과거에 저렴하게 분양을 받거나 매입한 사람이라면 과거 가격에 묻혀 있어 쉽사리 매입하지 못하는 경우도 왕왕 있다.

필자는 투자자들에게 지각비를 내서라도 용감하게 매입하라고 권한다. 필자도 과거 영등포의 문래 SKV1과 당산 SKV1을 매입하려 한 적이 있다. 그러나 여러 여건을 보고 투자 대비 수익률을 따졌을 때, 아파트 투자가 투자금과 수익률이 더 높을 것으로 예상하고 매입을 포기했다.

　문래 SKV1은 평당 분양가 850만 원이었던 것이 지금은 평당 1,700만 원을 호가한다. 가격이 약 2배 오른 것이다. 당산 SKV1은 당시 매매가격이 평당 1,300여만 원이었으나, 지금은 평당 3,000만 원에 매물이 나오고 있다. 그러나 필자는 과거 가격은 잊어버리고, 과감하게 지각비를 지불하면서라도 매입하려 한다. 그 이유는 과거 가격은 과거이고, 미래는 더 가치가 있을 것이라고 예상하기 때문이다. 지금 올랐기 때문에 매입을 안 한다는 것은 과거 서울 아파트가 평당 1,500만 원 할 때 매입을 못 했으니 평당 2,000만 원일 때 매입을 안 한거나 마찬가지다. 미래에는 평당 3,000만 원이 되어 있을 것이다. 그러나 이 가격도 시간이 흐르면 과거형이 될 수 있다.

지식산업센터가 오르는 이유는 여러 가지가 있으나 먼저 인플레이션의 영향으로 모든 가격이 오르기 때문이다. 인건비가 오르고 내진 설계 등 규제가 심해져서 건설 자재 가격도 오른다.

앞서 설명했듯이 서울 전체 면적의 3.3%밖에 안 되는 준공업지역의 사용 용도가 많아지면서 지식산업센터를 지을 수 있는 토지가 부족해져 토지가격이 점점 상승하고 있다. 앞으로 분양하는 지식산업센터의 가격은 오를 수밖에 없다. 먼저 분양한 것이 나중에 분양한 것보다 저렴해서 프리미엄이 오를 것이라는 이야기다.

신규 지식산업센터보다 기존 지식산업센터가 상대적으로 저렴하게 느껴질 수밖에 없다. 기존 지식산업센터 중 초역세권과 상대적으로 규모가 있는 브랜드의 경우는 더욱 빠르고, 가파르게 가격이 상승할 것이다.

많은 사람들이 수익률이 안 나올 거라며, 투자를 꺼린다. 하지만 수익률보다 가격상승률을 보고 투자해야 한다. 매매가격이 오르면 월세가 따라 오른다. 지식산업센터가 아닌 아파트라도 매매가격이 오르면 전세가격이 따라 오르지 않나. 마찬가지다. 가격이 오를 때는 전세가격이 오르면서 매매가격을 밀어올리는 경우도 있다. 반면 매매가격이 오르면서 전세가격이나 월세가격이 올라가는 후자의 경우도 많다. 예를 들어 상가가 거래되면 주인이 바뀌면서 매매가격에 비례해 대출금액이 늘어나 세입자에게 월세를 올릴 수밖에 없다. 그러면 세입자는 이사하거나 아니면 이사비용과 인테리어비용이 많이 나오고, 인근에 이사할 곳이 마땅치 않다거나 하는 이유로, 어쩔 수 없이 월세를 올려주고 사업하는 경우가 많다.

# 분양받을 때
# 고민하지 마라

지식산업센터를 분양받으면서 '입주 시 과연 임대가 잘 나갈 것인가?', '임대료를 얼마나 받을 것인가?'에 대해서 고민을 많이 한다. 아파트 분양을 받을 때 전세가격을 얼마나 받을 것인가 고민하는 사람들은 별로 없다. 프리미엄을 얼마나 받을 것인가를 먼저 생각한다. 지식산업센터도 프리미엄이 붙는다.

앞서 설명했듯이, 토지가격이 오르고, 인건비가 오르고, 자재값이 오르면서 옆에 분양하는 지식산업센터의 분양가가 오른다. 이것은 자연스러운 흐름이다. 그런데 꼭 등기를 완료해야 한다는 강박관념 때문에 그런 걱정을 하는 것 같다. 입주 시기가 되기 전에도 얼마든지 매도가 가능할 수 있다. 그렇다면 그런 걱정들은 큰 문제가 되지 않는다.

다만 아무것이나 분양받는다고 프리미엄이 많이 붙는 것은 아니다. 입지와 종목에 따라 다를 것이다. 필자는 강의할 때 먼저 도심이라면 오피스형을 분양받기를 권한다. 경기도 택지 지역이라면 '드라이브인시스템'이 갖춰진 대형 제조형공장을 분양받는 편으로 제안한다. 그리고 몇 년 후, 지하철이 들어온다는 이야기는 믿지 말라고 한다. 착공하지 않은 지하철 개통을 미끼로 오피스형의 아파트형공장을 분양하는 경우가 있다. 분양할 때 들은 말만 믿고 분양을 받았다가 지식산업센터 완공 시에는 지하철공사는 시작되지도 않을 수 있다는 것을 기억하자.

아파트도 거주자들이 새 아파트를 선호하듯 지식산업센터도 마찬가지다. 사업자들은 깨끗하고, 주변 환경이 좋으며, 부대시설이 잘되어 있는 새 지식산업센터를 선호한다. 어찌 보면, 오래된 지식산업센터에서 새로운 지식산업센터로 옮기는 사람들이 많기 때문에 선호한다고 볼 수 있다. 물론 같은 위치에 같은 역세권을 비교해서 말하는 것이다. 위치나 역세권이 좋은 지식산업센터는 구축이라도 선호도나 가격이 올라간다는 것은 아파트와 마찬가지다.

지식산업센터를 분양받았다면 꼭 임대를 낸다고 생각하지 말고 입주시기에 실사용자에게 매도하는 것도 생각해볼 만하다. 왜냐하면 실사용자들이 입주권을 매입했을 때 혜택이 있기 때문이다. 앞서 설명했듯이 실사용자가 입주권을 매입해서 5년 동안 사용할 경우 취득세 50% 감면, 재산세 37.5% 감면이라는 혜택이 있다. 이같은 혜택을 받기 위해 안정된 사업체를 가진 대표자라면 새 지식산업센터를 매입해서 들어오는 경우가 많다. 물론 오래된 지식산업센터를 구입해서 들어오면 이러한 혜택은 없다.

만약 실제로 입주하는 기업이라면 무조건 분양을 받거나 지식산업센터를 매입해서 사업하기를 권한다. 분양받아 놓으면 나중에 입주할 때 가격이 올라가 있을 것이다. 구축을 매입하더라도 자기가 실입주해서 사용하고 나갈 때 팔면 상승한 가격을 받아 수익을 볼 수 있기 때문이다. 만약 매입해서 지식산업센터에서 사업한다면 월 이자가 주인에게 내는 월세보다 저렴할 것이다. 이자를 내는 것은 곧 매도차액으로 회수할 수 있다. 몇 년이 지나 사업이 어려울 때 사업자가 소유하고 있는 지식산업센터를 담보로 대출을 받아 급하게 사업자금으로 쓸 수도 있다.

필자는 아파트형오피스텔(아파텔이라 부른다)을 매입해서 사무실 용도로 사용한 적이 있다. 4억 6,000만 원에 매입했는데 3년 동안 매월 100만 원 이자를 지불했다. 연이자로 계산하면 3,600만 원이 나갔다. 그러나 3년 후 6억 원에 매도하면서 매매차익으로 1억 4,000만 원 수익을 냈다. 이자를 3,600만 원을 지불했지만 1억 4,000만 원의 가격이 올라 3년 동안 사용하면서 낸 월 이자를 빼고도 1억 400만 원(세전)의 수익을 냈다.

미래가치를 보고 투자해야 한다. 가격이 상승하면 분양받은 가격보다 오히려 높은 전세가격을 받는다. 만약 지식산업센터가 대세 상승장이라면 건축하는 기간 동안 지식산업센터 분양가격이 올라 실제로 매입한 가격보다 높은 대출을 받거나 입주시기에 매도하더라도 큰 차익을 내고 매도할 수 있다.

필자의 경우 2021년 5월에 매입한 지식산업센터 잔금을 11월로 해서 7개월 정도 지급 기일을 미뤄놓은 상태다. 당시 평당 900만 원대에 매입했으나 4개월이 지난 현재 같은 지식산업센터가 평당 1,200만 원대에 매도됐다는 소식을 들었다. 만약 현 시세를 반영해준다면 90%는 대출이 가능하리라 본다. 필자는 10월 정도에 입주할 예정으로 매도자의 형편을 위해 9월 말에 잔금을 치르기로 했다.

# 오피스와 지식산업센터의
# 차이

    일반 오피스는 근린생활시설이어서 발코니(서비스면적)가 없다. 그러나 지식산업센터는 발코니가 있어 여러 가지 형태로 사용이 가능하다는 것이 장점이다. 아파트형오피스텔(일명 아파텔)은 발코니가 없는 반면, 아파트는 발코니가 있는 것과 마찬가지라고 보면 된다. 이해를 돕기 위해 다음의 도면을 보면, 왼쪽은 아파트로 발코니가 있고, 오른쪽은 아파텔로 발코니가 없다. 마찬가지로 아래 도면의 왼쪽 지식산업센터는 발코니가 있는 반면, 오른쪽 오피스는 발코니가 없는 모습을 볼 수 있다.

발코니가 있는 아파트(좌)와 발코니가 없는 아파텔(우)

발코니가 있는 지식산업센터(좌)와 발코니가 없는 오피스(우)

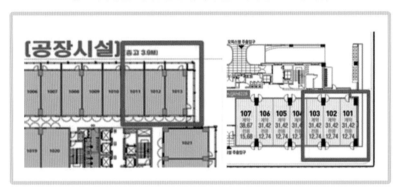

　　원래 지식산업센터를 분양받은 사람들이 발코니를 확장해서 사용하는 경우가 빈번했는데, 이것은 불법 확장이기 때문에 최근에는 아파트처럼 규제하기 시작했다. 아파트도 발코니를 확장하는 불법이 자주 일어나서 정부에서는 발코니 확장을 법적으로 제도화했다. 요즘은 아파트 시행사에서 아예 발코니 확장형을 따로 분양하는 것이 일반적이다.

정부가 발코니 확장을 법적으로 제도화한 이유는 두 가지 측면이 있을 것이다. 첫 번째는 발코니 확장 비용을 분양금액에 포함시켜 취득세와 재산세를 더 받을 수 있기 때문이다. 두 번째는 시행사 입장이다. 확장해서 분양하니 아파트 크기가 커져서 분양가를 높일 수 있는 측면이 있다. 정부와 시행사 간의 합작품이 아닌가라는 생각이 든다.

최근 서울시에서 건축법 시행령 제5조에 따라 특별시장 허가 대상인 건축물에 대해 2020년 11월 9일부터 발코니는 제4조의 기준에 적합하게 설치할 수 있으며 외기에 개방된 '노대' 구조인 경우에 한해서 바닥면적 산정에서 제외할 수 있다고 했다. 또한, 추락 및 낙하물 방지 등의 안전을 고려해서 20층 이하까지 설치할 수 있다. 이 때문에 내년부터는 발코니(서비스면적)를 서울에서는 찾아보기 힘들 것 같다. 이러한 조치는 발코니의 거실 전용에 따른 문제 예방, 용적률 적용의 형평성을 제고, 시민 삶의 질 향상, 재산 보호, 건출물 외부 공간 확대를 통한 시민의 건강 및 안전 도모를 위해 시행된다. 그렇게 되면 기존에 분양했던 지식산업센터의 가치가 더욱 올라갈 가능성이 있다. 그러므로 지식산업센터에 투자하거나 실거주로 생각한다면 올해(2021년) 빨리 매입하기를 권한다.

## 서울특별시 주택 외 발코니 설치 기준

### 제1조(목적)

이 기준은 주택 외 용도의 발코니에 대하여 예측 가능한 기준 적용을 통해 용적률 적용의 형평성을 제고하여 시민의 삶의 질을 향상시키고 재산을 보호하며, 건축물 외부 공간 확대를 통해 시민의 건강 및 안전을 도모함을 목적으로 한다.

### 제2조(정의)

"발코니"란 건축물의 내부와 외부를 연결하는 완충공간으로서 전망이나 휴식 등의 목적으로 건축물 외벽에 접하여 부가적(附加的)으로 설치되는 공간을 말한다. ※건축법 시행령 제2조제14호

### 제3조(적용범위)

이 기준은 서울특별시 행정구역 안의, 주택과 오피스텔 이외의 용도로서, 특별시장 허가대상(건축법 시행령 제8조) 건축물에 적용한다.

### 제4조(구조 및 용도)

원칙적으로 다음 각 호의 기준에 적합하여야 한다.

①발코니는 외부와 내부의 완충공간으로서 외기에 개방된 구조여야 한다.

②건축물의 주된 구조를 담당하는 외벽 및 기둥 등에 부가적으로 설치해야 한다.

③추락에 대한 거주자의 안전과 낙하물에 대한 보행자의 안전을 고려해야 한다.

④유사시 대피공간으로 활용할 수 있어야 한다.

제5조(설치기준)
①발코니는 제4조의 기준에 적합하게 설치할 수 있으며, 외기에 개방된 '노대' 구조인 경우에 한하여 바닥면적 산정에서 제외할 수 있다.
②또한, 추락 및 낙하물 방지 등의 안전을 고려하여 20층 이하까지 설치할 수 있다.

제6조(완화적용)
제5조에도 불구하고 건축위원회 심의를 거쳐 조화롭고 창의적인 건축디자인을 계획하여 미관·구조·방화·안전 등에 지장이 없다고 인정하는 경우에는 제5조제2항을 완화하여 적용할 수 있다.

노대형식은 내부와 연결되어 있지 않아 확장이나 창고로 사용할 수 없다.

아파텔보다 아파트가 비싼 이유는 베란다확장을 통해서 85형은 약 7평이 실평수가 크기 때문이다. 물론 단지의 쾌적성이나 대

단지의 크기 때문이라는 이유도 있지만 똑같은 조건을 가졌을 경우를 말하는 것이다. 그러면 오피스와 지식산업센터도 마찬가지다. 물론 지식산업센터의 대형화와 복합커뮤니티 등이 장점이지만 앞으로 노대형태로 지어진다면 서비스면적이 적어진다는 이유로 기존 지식산업센터나 미리 분양한 지식산업센터의 선호도가 높아질 것이 뻔하다.

다음은 구로에 위치해 내년에 분양할 생각공장에서 실시한 설문조사 일부분이다.

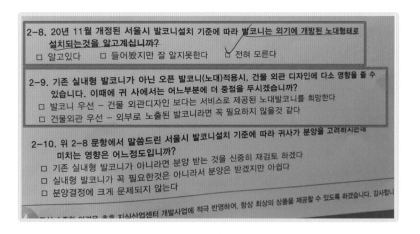

많은 사람들이 내년 분양을 기다리고 있는 구로 생각공장의 설문조사를 보면 '2020년 11월 개정된 서울시 발코니설치 기준에 따라 발코니는 외기에 개방된 노대형태로 설치되는 것을 알고 계십니까?'라는 질문이 있고, '기존 실내형 발코니가 아닌 오픈 발코니

(노대)적용 시, 건물 외관 디자인에 다소 영향을 줄 수 있습니다. 이 때 귀사에서는 어느 부분에 더 중점을 두시겠습니까?'라는 질문도 있어서 2022년 2월 분양을 앞둔 구로 생각공장은 실내형 발코니 (서비스면적)가 없음을 알려준다. 2022년부터는 서울의 모든 지식산 업센터는 서비스면적이 없어지고, 노대형태로 나오거나 아예 없어 진다고 보면 될 것이다

# 지식산업센터에도
# RR이 있다

아파트는 일명 로얄동, 로얄층을 뜻하는 RR이 존재한다. 그러면 지식산업센터의 RR은 어디일까? 아파트처럼 지식산업센터는 조망권을 먼저 본다. 아파트는 남향을 선호하는 비율이 크다면 지식산업센터는 남향보다 더 좋은 게 조망이다. 지식산업센터는 아파트처럼 거주하는 게 아니고 업무를 보는 곳이다. 남향처럼 햇볕이 많이 들어오면, 작업하는 데 눈이 부셔서 블라인드를 쳐야 할 것이다. 제품이 햇빛에 장시간 노출돼 상할 수도 있다. 그러므로 꼭 남향이 좋다고만 볼 수는 없다. 어떤 업무를 주로 하느냐에 따라 달라진다.

먼저 조망은 오피스형으로 쓴다면 강이나 숲 뷰라면 좋을 것이다. 전면개방 구조이고, 고층이면서, 코너라면 더욱 좋을 것이다.

코너를 선호하는 것은 베란다 서비스면적이 커지는 효과 때문도 있지만, 조망이 양면으로 나와 개방감이 있어서다. 필자는 좋은 층과 저층 코너 중에 어느 쪽을 선택할 것이냐 묻는다면 당연히 저층 코너를 선택할 것이다. 코너인 경우와 코너가 아닌 경우는 다음 그림을 보면 알겠지만 서비스면적이 약 3배 이상 차이가 난다. 물론 요즘 분양하는 지식산업센터를 보면 코너를 조금 비싸게 분양하기도 한다. 그러나 조금 비싸게 분양받더라도 조망권이 3배 이상 차이가 난다면 당연히 코너를 선택해야 한다.

코너가 아닌 경우와 코너인 경우의 발코니 서비스면적의 차이

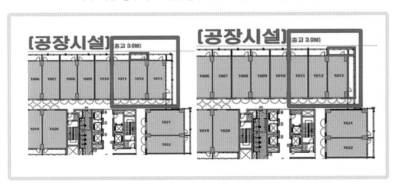

그런데도 같은 조건이라면 오피스형은 남향을 선호하고, 제조형이라면 남향을 선호하지 않을 것이다. 층도 오피스형이면 고층을 선호하고, 드라이브인시스템의 제조형이면 저층을 선호할 것이다. 오피스형은 조망을 따지며, 고층일수록 조망이 나와서 선호한다. 반면 제조형은 화물을 옮겨야 하기 때문에 저층을 선호한다.

고층일 경우 차량이 진입하는 데 시간이 오래 걸려 꺼린다. 층 내 위치는 엘리베이터가 가까운 호실을 선호한다. 화장실 앞이나 공용실, 외기실 앞은 선호하지 않는 편이다. 옥상정원이나 테라스가 있는 층을 선호하기도 하고, 공용공원이 비치는 호실을 좋아하기도 한다. 그러나 공원정원에서 내 사무실을 볼 수 있기 때문에 개인 프라이버시가 침해되어 좋지 않은 측면도 있다.

오피스형일지라도 지식산업센터에 엘리베이터가 얼마나 설치되어 있느냐에 따라서 선호도가 달라질 수 있다. 엘리베이터가 넉넉하다면 고층을 선호하나, 엘리베이터가 부족하다면 고층일수록 출퇴근 시간에 엘리베이터를 기다리는 시간이 길어져 저층을 선호하는 곳이 있을 수 있다는 것도 명심해야 한다.

# 지식산업센터는
# 공장만 있는 게 아니다

| | | |
|---|---|---|
| 9F 지식산업센터 | | |
| 8F 지원시설 | 기숙사 | |
| 7F 지식산업센터 | 기숙사 | |
| 6F 지식산업센터 | 기숙사 | |
| 5F 지식산업센터 | 기숙사 | |
| 4F 지식산업센터 | 기숙사 | |
| 3F 지식산업센터, 제조형공장 | 기숙사 | |
| 2F 지식산업센터, 근린생활시설, 제조형공장 | 근린생활시설 | |
| 1F 근린생활시설 | | |
| B3F 지식산업센터, 지하주차장, | | |
| B3F 지식산업센터, 지하주차장, 창고 | | |
| B3F 지식산업센터, 기관실, 지하주차장 | | |

지식산업센터에는 지식산업센터만 있는 게 아니다. 일반적으로 상가, 지원시설(섹션오피스), 근린생활시설, 제조형공장, 오피스형공장, 라이브오피스, 기숙사, 창고, 주차장 등이 있다. 이 중 제조형공장만 있기도 하고, 오피스형공장만 있기도 하며, 기숙사가 없는 경우도 많다. 주상복합아파트 1, 2, 3층에 상가시설과 오피스텔이 있는 구조와 비슷하다고 보면 된다.

먼저 상가는 '2종 근린생활시설'로 보통 상가라고 부른다. 편의점, 식당과 카페, 그리고 부동산, 골프장 등 상점들이 있는 곳이다. 고층은 '2종 근린생활사무소'로 일명 지원시설로 부른다. 세무회계사무소, 법무사무소, 무역업체, 유통업체 등 지식산업센터에 들어갈 수 없는 업종들이 주로 입점한다.

가산디지털단지나 구로디지털단지에는 임대사업자가 바로 들어갈 수 없어 지원시설(섹션오피스) 분양가격이 더 비싼 경우가 많다. 일부러 고층에 분양하는 경우다. 올 초에 분양한 가산KS타워는 15층 일부와 16층을 공장시설보다 비싸게 분양을 했지만 완판됐고, 프리미엄이 오른 상황이다.

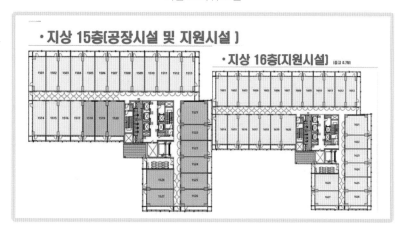

출처 : 분양 홍보자료

1층 근린생활시설은 가격이 비싸다. 그런데도 인기 업종이 있다. 바로 편의점이다. 사무실이 많다 보니 편의점은 매출이 엄청나다. 일명 담배포(담배를 판매할 수 있는 권리)가 면적당 1곳에서 2곳이 있는데, 이것은 프리미엄이 높은 권리다. 그래서 분양하면서 편의점 자리를 시행사에서 정해주기도 한다. 이외에도 카페, 부동산 중개사무소, 문구점 등이 인기 업종이어서 자리를 정해놓고 판매를 했는데, 지금은 자리를 정해놓으면 그 상가만 분양되고 다른 곳의 판매가 어려워져서 정해놓지 않는 곳도 늘었다. 이 시스템은 지식산업센터뿐만 아니라 대형빌딩을 분양할 때도 마찬가지다. 다른 상가 호실의 분양계약서에 '정해놓은 업종을 할 수 없고, 이 업종을 영업할 임차인에게 임대해서도 안 된다'라고 명시해서 분양한다.

어느 투자자는 일부러 편의점만 골라서 분양을 받기도 한다.

그러나 편의점 분양이 그리 쉽지는 않다. 여러 가지 조건이 붙기 마련이다. 초피가 1억 원 정도는 되어야 가져올 수 있다는 것이 정설이다. 그 외의 상가는 사실 점심 시간에는 고객이 몰려 바쁘지만, 다른 시간대에는 한가한 편이다. 주말에는 직장인들이 출근하지 않아 실질적으로는 주 5일만 매출이 발생하기 때문에 평균 매출이 높지는 않다. 대학교 앞은 비교적 매출이 높다고 하지만 주말과 방학에는 매출이 낮아진다. 그래서 다른 입지의 상가와 연매출로 비교하면 크게 높지 않은 것과 비슷하다.

제조형공장도 두 가지로 나뉜다. 차량 진입이 불가능한 일반 제조형공장이 있는 반면, 드라이브인시스템을 갖춘 제조형공장이 있다. 드라이브인시스템은 공장 앞에 차가 주차하고 바로 하차할 수 있다. 힘들이지 않고 화물을 바로 차에서 내릴 수 있도록 만든 것이다. 과거에는 공장에 차량이 들어가지 못해서 공장 앞에서 하차 후 화물 엘리베이터를 통해서 옮겨야 했다. 드라이브인시스템은 이런 불편함을 해소해서 인기가 높다. 지식산업센터가 대형화되면서 가능하게 된 것이다. 한발 더 나아가 도어투도어 시스템으로 화물차가 공장 안으로 들어가 바로 공장 안에서 하차할 수 있는 곳도 있다. 사업주 입장에서는 공장을 더욱더 편리하게 운영할 수 있다.

드라이브인, 도어투도어 시스템으로 물류 이동 및 하역이 용이한 제조형 지식산업센터

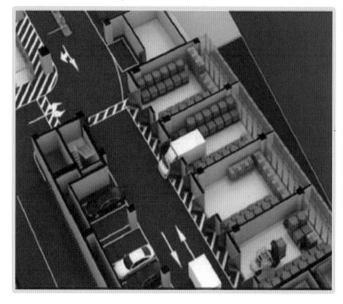

출처 : 분양 홍보물

차량이 올라가는 라인도 작은 지식산업센터는 차량이 돌아가면서 올라갔는데 지금은 직선으로 올라가도록 만들어 대형화됐다. 이렇게 편리한 시스템이 도입되면서 제조형공장들은 한층 더 인기를 끌고 있다. 차량 진입이 되지 않는 제조형공장보다 드라이브인 시스템을 갖춘 제조형공장이 당연히 인기가 많고 가격도 비싸다.

오피스형지식산업센터는 말 그대로 오피스 용도로 쓰는 공장이라고 보면 된다. 공장이기는 하나 일반 오피스처럼 소프트웨어 개발업체, 온라인정보제공업체, 벤처기업들이 많이 사용한다.

다양한 규모의 사무실 구성이 가능한 오피스형 지식산업센터

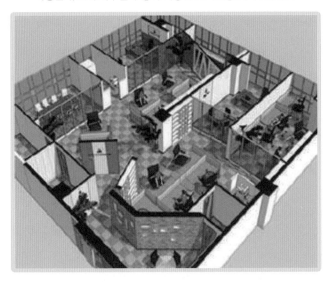

다락과 욕실 설치로 업무와 주거가 동시에 가능한 라이브오피스 이미지

출처 : 분양 홍보물

요즘은 라이브오피스를 분양하는데, 이름 그대로 살면서 사무실로 쓰는 것을 의미한다. 복층형태로 되어 있는데 1층은 사무실로 쓰고, 2층은 주거로 사용하는 형태다. 2층에는 침실과 화장실, 그리고 주방이 구비돼 최고의 직주근접 환경이라고 할 수 있다. 벤처기업이 선호하는 형태로, 합숙하며 프로그램을 몇 달만에 완성해야 하는 특성상 사무와 주거를 한곳에 묶어놓은 형태라고 생각하면 된다.

또한 기숙사를 함께 분양하는 지식산업센터도 있다. 산업집적법 시행령 제36조4의2항에 기숙사는 지식산업센터에 근무하는 직원의 복지를 위해 필요한 시설로 규정되어 있다. 최근 이 기숙사를 오피스텔처럼 홍보하고 분양하기도 한다. 인근 오피스텔보다 분양가격이 저렴한 점을 장점으로 내세우며 분양하지만, 지식산업센터 기숙사는 일반인에게 임대할 수 없다는 것을 알고 분양받아야 한다. 분양가뿐만 아니라 아파트처럼 발코니가 있다는 장점도 있어 꼭 필요한 사람이라면 분양받아도 좋다. 그러나 투자 목적으로 분양받는 것은 추천하지 않는다.

기숙사의 장점도 있다. 기존 지식산업센터는 낮에 주로 사용하므로 저녁이 되면 모두 퇴근하고 없어 주차가 편리하다. 또한 입주민 지원시설이 잘되어 있다. 1층에는 넓은 로비와 샤워실, 편의점, 헬스장, 골프연습장이 있는 대형 지식산업센터의 기숙사는 편리성이 좋다. 그러나 주말이 되면 부대시설이 장사를 안 하는 경우가 많아 어려움이 생기기도 한다.

서비스면적이 있는 기숙사(좌)와 서비스면적이 없는 오피스텔(우)

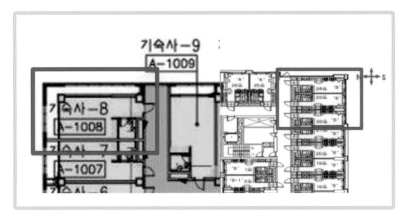

　지식산업센터는 지하에 창고가 있는데, 무조건 창고용으로 쓰라는 것은 아니다. 제조형이나 업무용으로 부적합하기 때문에 창고용으로 저렴하게 임대하는 것이다. 사무실에서 자주 안 쓰는 서류라든가 여러 가지 화물을 사무실 밖에 보관하고 싶은데 화물을 옮기기 힘드니 지하에 창고를 빌려서 사용하는 업체들이 가끔 있다. 지하는 분양가격이 낮기 때문에 수익률도 괜찮다. 문제는 임대기간이 짧다는 것과 일반 호실과 면적당 관리비가 똑같이 적용되기 때문에 임차인 입장에서 부담이 되기도 한다. 지상층에 분양받은 사업자가 지하도 사용하기 위해 추가로 지하를 분양받는 경우도 많다.

　요즘 지식산업센터에는 이외에도 여러 가지 부대시설이 들어오고 있다. 1층에 키즈카페, 라운지존, 카운터, 수유실 등 여러 가지 편의시설이 생기고 있다. 또한, 샤워실, 세미나실, 커뮤니티라

운지, 헬스장, 클럽라운지, 스크린골프장도 들어선다. 뿐만 아니라 이제는 대형화되면서 멀티플렉스영화관, 볼링장, 어린이집, 어린이도서관, 프리미엄쇼핑몰, 메디컬 상권이 조성되기도 한다. 그리고 대형 세미나실도 들어서고 있는 상황이다. 최근 입주를 한 성수동 SKV1과 성수동 생각공장은 내부 시설의 고급화를 통해서 지식산업센터의 위상을 한층 높여준 사례다.

성수동 SKV1센터 홍보자료

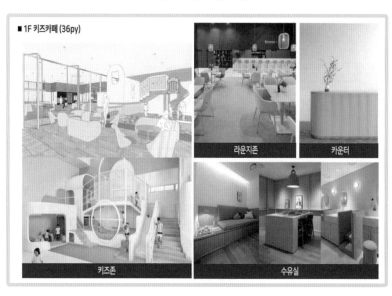

성수동 SKV1센터 홍보자료

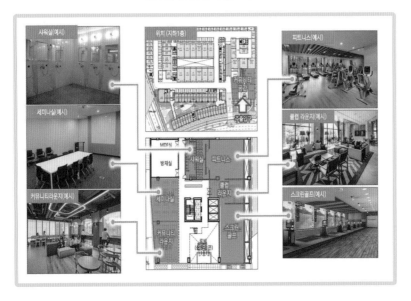

성수동 SKV1센터 홍보자료

출처 : 성수동 SKV1센터 홍보자료

동탄 테크노밸리 금강펜테리움IX타워 조감도

　최근 입주를 시작한 동탄 테크노밸리 금강펜테리움IX타워는 연면적 28만㎡ 규모로 복합스트리트몰 IX몰이 들어서면서 문화, 여가생활까지 원스톱으로 누릴 수 있도록 꾸며놓았다.

　얼마 전 분양한 가산 현대퍼블릭은 외국업체가 많이 들어오면서 400석 규모의 강연장을 만들었다. 고정 강연프로그램과 이벤트를 유치하고 기업의 세미나와 개발상품 발표회를 할 수 있도록 할 방침이라고 한다.

　신규 분양 지식산업센터를 보면 녹지공간을 많이 확보하고 있다. 건물 곳곳에 공원과 녹지를 조성해 휴식과 여유를 제공하고 있다.

가산 현대퍼블릭 홍보자료

출처 : 가산 현대퍼블릭 홍보자료

출처 : 생각공장 홍보자료

지식산업센터 건물 앞에는 공개공지를 두어야 한다. 공개공지는 건물 신축 시 용적률을 더 받기 위해서 제공한 경우가 대부분이다. 이 공개공지에는 화단과 쉼터들을 조성해서 입주민과 시민에게 공개한다. 또한 옥상에 정원을 꾸미고 일부는 공개화장실도 만들어 시민들이 급할 때 화장실을 사용하도록 하는 곳들도 많이 있다.

지식산업센터에 투자하고자 하는 사람이라면 꼭 성수동 생각공장에 한번 들러보라고 이야기한다. 지금 서울 지식산업센터 중에서 여러 가지 부대시설이 제일 잘되어 있는 곳이다.

CJ제일제당 공장부지 조감도

내년에 들어설 가양동 CJ제일제당 공장부지는 제2코엑스처럼 현대프리미어캠퍼스로 개발한다는 계획이다. 지하 7층에서 지상 14층 규모로 사업비 3조 원을 투입해 만들어진다. 삼성동 코엑스의 1.7배 규모로 상업시설은 신세계에서 위탁운영하는 방식이다. 마곡단지와 시너지효과를 가질 것으로 기대되고 있다. 지식산업센터와 오피스를 내년에 공급한다는 계획이며, 연면적만 79만 평으로 만약 복합쇼핑몰 스타필드까지 들어선다면 일반 지식산업센터를 넘어서는 파급효과를 발휘할 것이다.

# 지식산업센터
# 입지 선정 방법

    부동산 투자자들은 역세권을 선호한다. 필자도 지식산업센터 역시 역세권이 답이라는 고정관념이 있었다. 그런데 성수동 생각공장을 방문한 후 이 고정관념에서 탈피할 수 있었다.

    성수동 생각공장은 성수역이나, 어린이대공원역, 건대입구역까지 걸어가기에 애매한 위치에 있다. 적어도 15분 이상 걸려 버스를 환승해야만 한다. 역세권이라고 하기 어렵다 보니 처음 분양할 때는 가격이 얼마 오르지 않았다. 입주 때까지 많이 오르지 않았는데, 대형화한 지식산업센터이고, 편의시설이 잘되어 있는데, 브랜드 인지도까지 있어 상당한 시너지 효과를 발휘하고 있다.

성수역에서 성수동 생각공장까지 도보거리

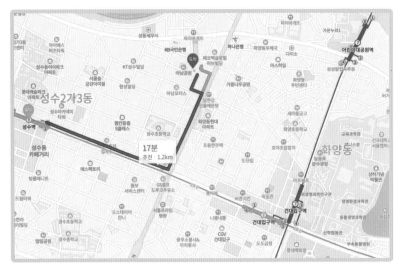

출처 : 네이버 지도

　　성수역에서 성수동 생각공장까지 걸어서 17분이 걸린다는 것을 확인한 필자는 고정관념에서 탈피해 차후 대장주가 될 가산 현대퍼블릭을 매입했다. 분양상담사와 가산디지털단지 부동산 중개사무소 소장님은 가산동 지식산업센터는 도보 5분이 넘으면 역세권이 아니어서 가격이 오르기 힘들다고 반복해서 설명했다. 그러나 필자는 브랜드와 규모가 상당하고, 지하철역에서 도보로 10분 거리에 있어 완공되면 재평가받을 것으로 예상했다. 긴 기간 동안 분양이 안 됐던 가산 현대퍼블릭은 지금 완판됐다. 프리미엄도 형성되어 가고 있다. 입주 시점이 되면 많은 실사용자들은 뒤늦게 '왜 저걸 일찍 매입하지 않았을까' 하며 한탄할 것이다.

가산디지털단지역에서 가산 현대퍼블릭까지 도보거리

출처 : 네이버 지도

　　필자도 스스로 반문해봤다. 역세권에 규모가 작은 지식산업센터에 근무할 것인가? 아니면 10분 정도 걷거나, 버스를 한 번 갈아타더라도 부대시설이 잘되어 있고 편의시설 등 규모가 큰 지식산업센터에서 근무할 것인가? 출근 시간을 10분 정도 더 투자하는 불편함은 하루 8시간 정도 근무하는 곳의 환경이 훌륭하다면 감수할 수 있지 않을까? 필자라면 방문객이 왔을 때 편리하게 이용하는 커피숍과 휴게실, 넓은 주차장이 있는 곳을 선택할 것 같다. 여러분이라면 어떤 선택을 하겠는가? 아파트와 비교해서 설명해보자. 작은 단지의 역세권 나홀로 아파트에 거주할 것인가? 아니면 조금 걷더라도 시설이 잘되어 있는 대형 브랜드 아파트 단지에 거주할 것인가? 비교해보면 정답을 찾을 수 있을 것이다.

# 지식산업센터 입지 선택의
# 14가지 체크 포인트

## 1. 교통이 지식산업센터의 가격을 결정한다

지식산업센터는 두 가지 형태로 나뉜다. 오피스형 지식산업센터와 제조형 지식산업센터다. 오피스형 지식산업센터는 제일 중요한 게 입지다. 역세권이어야 한다. 모두가 알다시피 서울은 교통지옥이라고 표현할 정도로 출퇴근 교통상황이 어렵다. 대표자는 자가용을 이용하더라도 직원은 어쩔 수 없이 대부분 대중교통을 이용한다. 설문조사에 따르면 직장을 선택할 때도 교통은 중요한 체크포인트다. 이것이 역세권 지식산업센터를 선택해야 하는 이유다. 그럼 역세권은 역과 얼마나 가까워야 할까? 우리가 말하는 역세권은 걸어서 10분 이내, 직선거리로 500m 이내로 본다.

반면에 제조형공장이라면 드라이브인이 가능한지, 불가능한

지를 먼저 확인해봐야 한다. 제조형공장이라면 꼭 역세권일 필요는 없다. 인근 나들목이 화물 운송에 유용한 곳이면 더욱 좋을 것이다. 화물을 상하차할 수 있는 공간이 충분한지도 고려 대상이다. 즉, 도어투도어시스템이 가능한 곳이 인기가 많고 사용하기 편리하다.

지식산업센터 분양 홍보물

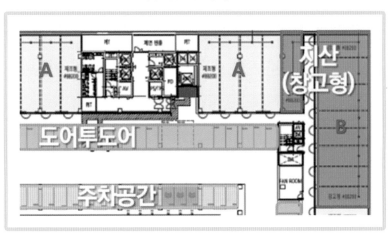

이 그림처럼 A로 표시된 곳은 바로 앞에 차량을 주차해서 차량에 실린 화물을 상하차할 수 있는 공간이 있다. 반면에 B로 표시된 부분은 제조형공장 앞에 시설물이 있어서 차량 진입이 어려운, 도어투도어시스템이 불가능한 곳이다. A와 B는 나중에 임대를 하거나 매매할 때 가격이 많이 차이날 수밖에 없다. 꼭 명심하고, 분양받을 때 도면을 꼼꼼하게 살펴봐야 한다.

## 2. 지식산업센터는 규모가 크면 좋다

지식산업센터는 규모가 작은 것보다는 큰 것이 좋다. 규모가 큰 지식산업센터는 부대시설이 잘되어 있기 때문이다. 휴게실, 상권, 세미나실, 헬스장, 커피숍 등 근무환경이 좋다. 앞서 질문했듯이 역세권의 나홀로 아파트에 살 것인가? 아니면 비역세권 대형 단지 아파트에 살 것인가? 생각해보면 조금 불편해도 하루 종일 근무할 곳이니만큼 부대시설이 많아 편리한 곳을 선호할 것이다.

## 3. 전용률과 서비스면적이 크면 좋다

아파트와 아파텔의 차이점이 전용률이다. 아파트는 전용률이 75% 내외고, 아파텔은 50% 내외다. 지식산업센터는 예전에 분양할 때는 50%가 넘었으나 지금은 50%를 넘지 않는 게 보통이다. 부대시설이나 전용면적이 넓어져서 전용률이 줄어드는 현상이 벌어지고 있다. 그러나 최근에 분양하는 곳들은 서비스면적이 커져서 오히려 실사용면적은 넓어진 것들도 많다. 아파트도 그렇지만 지식산업센터를 선택할 때는 서비스면적이 얼마나 되는지 확인해보길 바란다. 일반인들이 생각하지 못한 것 중에 하나가 발코니(서비스면적)이기 때문이다.

전용률=[(전용면적+공용면적+기타 공용면적)÷전용면적]×100

즉, 서비스면적은 말 그대로 서비스면적으로 전용면적, 공용면적, 기타 공용면적에도 들어가지 않는다.

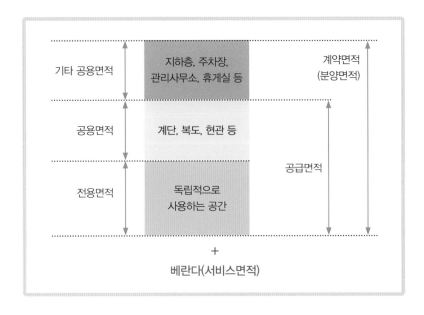

## 4. 브랜드가 있는 지식산업센터를 선택하라

브랜드시대를 맞은 아파트처럼 이제 지식산업센터도 브랜드시대에 진입했다. 우리가 명품가방을 사는 이유는 품질 때문만은 아니다. 같은 공장에서 똑같은 품질로 생산된 제품이더라도 어떤 브랜드인지에 따라 가격과 가치가 달라진다. 명품 샤넬과 잘 알려지지 않은 중소기업 브랜드의 가격과 가치가 같을 수는 없다. 아파트 단지도 새로운 브랜드로 이름을 바꾸는 경우가 더러 있다. '행담 삼부아파트'는 '서울숲 삼부아파트'로, '신정뉴타운 아이파크위

브'도 '목동 센트럴아이파크위브'로, '염리동 마포자이3차아파트'는 '마포자이더센트리지'로 개명했다. 그 이유는 아파트 브랜드만 바뀌어도 가격 차이가 많이 나기 때문일 것이다. 물론 브랜드 가치뿐만 아니라 나중에 A/S와 품질보증 측면에서도 확연하게 달라질 것이다.

## 5. 창문이 크면 인기가 많다

창문이 크면 먼저 개방감이 있다. 사무실을 통해서 창밖을 보면서 가끔 휴식을 취하는 것으로 사람들은 심리적 안정감을 느낀다. 또한 창문이 크면 채광이 좋아 햇볕을 많이 받을 수 있다. 물론 햇볕에 의해 덥거나 컴퓨터를 보는 데 불편할 수 있다. 그럴 때는 블라인드를 설치해서 필요에 따라 열고 닫으면 된다. 냉난방은 요즘 효율적으로 관리되는 좋은 시스템을 갖춰 건물을 짓기 때문에 크게 염려하지 않아도 된다.

## 6. 코너 호실이 좋다

앞서 잠시 설명했지만, 코너 호실은 발코니가 다른 호실과 2배 이상 차이가 난다. 서비스면적이 넓어지는 것도 좋지만, 창문이 양쪽으로 트여 있어 개방감이 있고, 채광이 좋은 것이 큰 장점이다. 이처럼 코너 호실은 꿩 먹고 알 먹는 호실이다. 물론 코너 호실이라도 가끔 전면이 막혀 있거나, 서비스면적이 적은 경우도 있다. 그러므로 반드시 현장에서 도면과 비교해서 체크해봐야 한다.

단, 제조형공장일 경우 코너 호실은 피해야 한다. 제조형공장이라면 가장 중요하게 체크해야 할 부분이 드라이브인시스템의 적용 가능 여부인데, 보통 코너 호실은 차량 진입이 불가능한 경우가 많다.


## 7. 부대시설이 잘되어 있어야 좋다

요즘 직장은 단지 근무만 하는 곳이 아니다. 생활하는 곳이다. 직장인이라면 집에 있는 시간보다 직장에서 생활하는 시간이 더 많다. 필자 또한 집에서 잠자는 시간을 빼면 사무실에 있는 시간이 집보다 2배나 많다. 식사도 집에서 하는 것보다 사무실 인근 식당에서 더 많이 해결한다. 심지어 아침부터 저녁까지 직장 근처에서 해결하는 직장인들이 많지 않은가? 그만큼 직장의 부대시설은 중요하다. 맞벌이 부부가 늘어나면서 집에서 요리하는 가정이 줄어들고 있다. 아이들 교육도 어린이집과 유치원을 통해서 가정과 기관이 나눠서 맡고 있다. 지식산업센터가 대형화하고 부대시설이 점점 늘어나는 이유도 이러한 현실이 반영된 결과다. 영화관, 쇼핑몰, 호텔급 라운지, 미팅룸, 컨벤션홀, 피트니스센터, 수영장 등 다양한 시설들이 들어서면서 지식산업센터는 원스톱 생활을 할 수 있는 곳으로 변모하고 있다.

## 8. 서울 도심을 선택하라

아파트도 서울 도심 아파트가 인기가 높듯이 지식산업센터도 서울 도심에 있는 것을 사야 한다. 특히나 오피스형 지식산업센터라면 서울 도심이 필수적인 입지다. 많은 사람들이 서울 도심에서 멀지 않은 직장을 선택한다. 그러므로 분양권을 사서 프리미엄을 많이 받기 위해서도 도심을 선택해야 하고, 나중에 등기 후 월세를 놓더라도 도심에 있어야 공실이 생길 확률이 적다.

택지 지역에서 아직 지하철공사도 시작 안 한 오피스형 지식산업센터는 정말 조심해야 한다. 분양할 때는 금방 공사가 시작될 것처럼 홍보하지만 막상 정부에서 시공까지 들어가는 데 생각보다 많은 시간이 걸린다. 모든 공사는 정부가 발표한 것보다 몇 년은 더 걸린다. 심지어 발표하고 10년 동안 공사를 시작하지 않은 곳도 있다. 시공 발표를 하고도 몇 년 동안 지연되는 경우는 흔하다.

가끔 필자에게 지방 지식산업센터에 대해 물어보는 경우가 있다. 그러나 서울 도심 지식산업센터도 아직 덜 성숙된 상태라는 것을 잊지 말자. 이제 막 시작하는 지방 지식산업센터는 실사용자가 아니라면 투자처로는 아직 미흡하다고 생각한다. 서울 수도권만 찾아도 얼마든지 투자할 곳들은 많다.

## 9. 공실 없는 지식산업센터를 선택하라

공실이 없다는 것은 그만큼 수요자가 많다는 것이다. 수요자가 많다는 것은 가격이 오를 가능성이 높다는 이야기도 된다. 어느 지식산업센터는 입주율이 50%고, 어느 지식산업센터는 입주율이 90%라고 해보자. 그러면 어떤 지식산업센터가 가격이 많이 오를까? 어떤 곳이 월세를 많이 받을 수 있을까? 지식산업센터를 가보면 로비 앞쪽에 입주 기업체 명단이 붙어 있다. 물론 기업체 모두가 적혀 있지는 않다. 임대차가 많은 현실에 이사를 왔다고 해서 바로 바꾸거나 이사를 갔다고 해서 명판을 바로 떼는 경우는 많지 않다. 확실한 것은 관리실에 가서 물어보거나, 부동산 중개사무소에 가서 물어보면 된다.

필자는 관리 직원들에게 입주 기업체에 대해 주로 물어보는데, 대부분 성실하게 설명을 잘해준다. 만약 분양받는 경우라면 인근 지식산업센터와 부동산 중개사무소를 방문해서 물어보면 된다. 앞으로 생길 지식산업센터가 얼마나 빨리 입주가 될 것인지 예측해 줄 것이다. 보통 지식산업센터가 들어서면 90%까지 입주하는 데 6개월 이상은 걸린다. 그런데 만약 1년이 넘도록 90%가 차지 않는다면 위치가 좋은 곳이 아니라고 생각하면 된다.

한 지식산업센터 건물의 입주 현황판

## 10. 주차대수를 확인하자

지식산업센터를 사용하려면 출퇴근하는 직원이나 방문자들이 주차를 해야 한다. 아파트도 주차대수가 얼마나 가능한가에 따라 가격이 변하듯 지식산업센터도 주차공간이 넉넉하고 주차가 편리해야 가치가 높다. 보통 지식산업센터의 호실 평형이 큰 곳은 주차대수가 넉넉하지만 호실 평형이 작은 곳은 호실당 주차대수가 부족한 경우가 있다. 지식산업센터는 호실 크기당 비례해서 무료주차권을 주는 경우가 많다. 그 외 직원 차량이나 방문 차량에 대해서는 주차비를 받는다. 보통 작은 호실은 1호실당 1대가 무료주차가 가능하고, 큰 호실은 2대까지 가능하다. 지식산업센터가 좋은 점은 자주식 주차가 가능하다는 것이다. 오피스빌딩은 주차빌딩이 대부분인 것과 대비된다. 아파트처럼 지하주차장을 크게 만들고 넓은 주차장에 자주식 주차가 가능하게 한 것이 지식산업센터의 장점이다.

## 11. 엘리베이터 수를 확인하자

지식산업센터는 아파트처럼 많은 호실들이 있고 높이가 높다. 특히 지식산업센터는 업무를 하는 곳으로 출퇴근 시간 등 특정 시간에 이용자가 집중적으로 몰릴 수밖에 없다. 그렇다 보니 엘리베이터 대수가 모자란다면 높은 층에 있는 사람들은 엘리베이터 기다리는 시간이 많이 걸릴 수밖에 없다. 필자도 예전에 빌딩에서 근무할 때 출퇴근 시간에 엘리베이터 지옥을 경험한 기억이 있다. 근무인원 대비 엘리베이터 수를 넉넉하게 설치하는 지식산업센터가 있는 반면, 겨우 법규정만 통과할 수 있도록 설치한 곳도 있다. 이 경우는 불편함을 감수할 수밖에 없다.

## 12. 인테리어가 잘되어 있는 호실을 선택하라

몇 년 된 지식산업센터는 입주업체가 인테리어를 잘해놓은 경우가 있다. 만약 같은 위치라면 실내인테리어가 잘되어 있는 경우가 다시 임대 놓는 데 편리하다. 그리고 인테리어가 잘되어 있는 회사는 이사할 확률도 적고 월세가 밀릴 확률도 적다. 1석 3조인 것이다. 보통 지식산업센터 인테리어는 대표실, 회의실, 탕비실 그리고 파사드(Fasade)가 있다. 대표실은 보통 창문에 가까운 곳에 위치한다. 회의실은 중간에, 탕비실은 입구에 주로 있다. 건실한 업체라면 사무실 인테리어도 고급스럽게 해놓고 관리도 잘한다. 파사드는 건물의 출입구로 이용되는 정면 외벽 부분을 가리키는 프랑스어로 지식산업센터 출입문에 꾸며놓은 인테리어다. 회사의 이미지를 좋게 하기 위해서 많이 설치한다. 임대인이 기본적으로 해주는 것도 있지만 큰 회사는 자기 회사의 이미지를 표현하기 위해 새로 설치하는 경우가 많다.

파사드 설치 전(위)과 후(아래)의 모습

출처 : 나눔스쿨 서울센터 시안자료

## 13. 대기업이 많은 곳에 투자하라

대기업이 많다는 것은 주변에 하청 업체들이 많이 생긴다는 이
야기다. 지식산업센터에는 대기업이 입주하는 것이 아니다. 중소

기업이 많이 입주한다. 중소기업이란 대기업의 1차 벤더, 2차 벤더, 심지어 3차 벤더까지 있다. 벤더는 하청업체라 부르기도 하는데 기술이나 경제적으로 우위에 있는 기업에 종속되어, 그 기업의 주문에 의해 부품이나 제품을 만들어 납품하는 업무나 직업을 가진 업체를 말한다. 대기업이 많은 곳에는 가까이 있는 것이 유리한 하청업체가 많이 있다. 그렇다면 그 하청업체들이 해당 지식산업센터에 사무실이나 물류센터, 그리고 제조형공장을 둘 확률이 높다. 물론 벤더만 사용하는 것은 아니니 오해 없길 바란다. 우리나라에서는 하청업체라고 하면 대기업의 갑질을 당하는 을이라고 인식하는 경향이 아직도 강한데, 대기업이나 하청업체나 서로가 없으면 힘들어지는 상생관계라고 생각한다. 주위에 대기업이 많으면 지식산업센터의 임대가 잘 나갈 것이다. 임대업체가 많다는 것은 가격이 상승할 확률이 높다는 이야기다. 물론 상대적으로 멀리 있거나 지식산업센터가 너무 많아서 경쟁률이 없는지는 따져봐야 한다. 그리고 대기업들이 하청업체가 많이 필요한지 필요 없는지도 확인해봐야 할 상황이다.


## 14. 신축에 투자하라

아파트도 신축 아파트를 선호하듯 지식산업센터도 신축 지식산업센터를 선호한다. 노후한 지식산업센터는 열효율이 좋지 않고, 부대시설이 부족하다. 같은 위치에, 같은 규모라면 당연히 새

것이 좋다. 그러나 위치나 규모에 따라 때로는 오래된 것들이 좋은 것도 있다. 새로 지어진 지식산업센터는 기술이 발전함에 따라 모든 시설이 최첨단화한다. 그리고 정부에서 건물의 열효율을 높이기 위해 건축법을 까다롭게 개정하고 있으므로 기능이 향상될 수밖에 없다. 어찌 보면 그래서 새 지식산업센터 분양가가 점점 올라가는 측면이 있다.

예를 들면 커튼월 방식의 지식산업센터가 인기가 높은데, 커튼월은 하중을 지지하고 있지 않은 칸막이 구실의 바깥벽으로, 고층이나 초고층 건축에 많이 사용한다. 외부로부터 비나 바람을 막고 소음이나 열을 차단하는 구실을 한다. 또 기둥과 보가 외부에 노출되지 않게 하고 외장을 예쁘게 꾸며주는 역할도 한다. 최근에는 커튼월룩 방식을 사용하기도 한다. 커튼월룩은 커튼월처럼 외관이 유리로 마감되어 화려한 건물 외관을 가진다는 장점을 지닌다. 그러나 커튼월 방식으로 인해 벽면 자체가 유리로 마감되어 여름의 직사광선과 겨울의 난방비 손실이 큰 단점을 보완하기 위해 외벽은 콘크리트벽으로 시공하고, 외벽에 유리마감재 패널을 부착한다. 커튼월에 비해 열효율이 높다는 장점이 있다. 또한 세대 내 환기 및 환풍을 원활하게 하는 창문 사용에 제약이 없어 아파트에서도 요즘 선호하는 방식이다.

# 부동산 중개사무소에
# 꼭 물어봐야 할 15가지

## 1. 실평수가 얼마인가?

| 지식산업센터 우림라이온스밸리 ·6층 | 지식산업센터 삼성IT해링턴타워 · 17층 |
|---|---|
| 월세 2,500/240 | 월세 1,000/60 |
| 해당층/총층 : 6/15층 ┊ 사용승인일 : 2005.01.04 ┊ 공급/전용 면적 : 224.31㎡/132.6㎡ | 해당층/총층 : 17/17층 ┊ 사용승인일 : 2019.10.02 ┊ 공급/전용 면적 : 43.82㎡/21.92㎡ |
| 매물정보    사진 | 매물정보    사진 |
| 매물특징           - | 매물특징           - |
| 공급/전용면적   224.31㎡/132.6㎡(전용률59%) | 공급/전용면적   43.82㎡/21.92㎡(전용률50%) |

출처 : 네이버

　지식산업센터도 아파트처럼 실평수가 중요하다. 분양면적 대비 실평수가 얼마인가가 전용률이다. 예전에 분양한 곳은 전용률이 약 60% 정도 됐다. 그런데 요즘은 50%도 안 되는 곳도 있다. 그만큼 공용면적이 늘어난 것이다. 가산디지털역 우림라이온스밸리는 전용률이 59%이다. 그러나 최근에 지어진 삼성 IT해링컨타워는 전용률이 50%밖에 안 된다.


## 2. 서비스면적이 얼마나 되나?

앞서 설명했듯이 서비스면적은 발코니면적을 말한다. 발코니면적은 분양면적에 들어가지 않는다. 예전에 아파트에도 광폭 베란다가 있었다. 광폭 베란다라는 것은 발코니면적이 크다는 것이다. 발코니면적은 시행사가 어떻게 하느냐에 따라 달라진다. 시행 시 비용을 더 들이느냐, 덜 들이느냐에 따라 면적이 달라진다. 서비스면적은 건축물관리대장에 나오지 않는 면적이니 직접 방문해서 확인해야 한다. 서울시에서는 내년부터 분양하는 지식산업센터는 발코니가 아닌 노대형식으로 지어야 한다. 구축 지식산업센터 중 발코니면적이 큰 지식산업센터의 인기가 높아질 것이다.


## 3. 엘리베이터는 몇 대인가?

지식산업센터는 고층빌딩이기 때문에 엘리베이터가 몇 대인지 중요하다. 요즘 주상복합건물도 엘리베이터가 몇 대인지에 따라 매매가가 차이가 난다. 지식산업센터는 업무 공간이어서 엘리베이터가 더욱 중요하다. 출퇴근 시간에 사용이 집중되는 만큼 엘리베이터 대수가 충분하지 않으면 업무 시 불편하지 않을 수 없다. 아무래도 호실 대비 엘리베이터의 수가 가격에 영향을 미칠 것이다.

## 4. 주차대수는 얼마나 되나?

지식산업센터는 업무용 오피스텔에 비해 주차대수가 많은 것이 장점이다. 우리가 주택보다 아파트를 선호하는 이유도 주차 전쟁을 피하고 싶어서가 아닌가. 보통 지식산업센터를 선택하는 업체의 대표들은 편리함을 중요하게 여긴다. 또한 손님이 사무실에 방문할 때 편하게 주차를 하고 방문할 수 있어 지식산업센터를 선호한다. 주차대수가 얼마나 되는지는 꼭 체크해봐야 한다.

## 5. 관리비가 얼마인가?

지식산업센터의 관리비는 크게 차이가 나지 않는다. 그러나 100평 규모의 큰 사무실이라면 관리비가 평당 1,000원이라고 할 때, 월 10만 원이나 된다. 지식산업센터의 전체 규모가 아주 작다면 각 호실에서 나눠 내는 관리비 액수가 많이 나올 것이다. 아파트도 대형 단지보다 작은 단지가 관리비가 비싸다. 규모의 경제 원리가 여기에서도 적용된다.

## 6. 입주율은 얼마나 되나?

입주율은 매우 중요하다. 입주율이 높다는 것은 그만큼 인기가 많은 곳이라는 의미다. 내가 임대할 때 공실일 확률이 적다는 것이다. 부동산 중개사무소에 방문해서 물어봐야 한다. 그리고 매입하고자 하는 지식산업센터에 직접 방문해서 관리실에도 물어보고, 그 지식산업센터를 한 바퀴 돌아보길 바란다. 그리고 관리실이 아닌 입구 안내실에 근무하는 직원에게도 물어보면 생각보다 친절하게 안내를 해준다. 명심하자! 높은 입주율은 내 사무실이 공실이 될 확률을 낮춰주는 것이다. 입주율이 90% 정도라면 공실 확률이 제로에 가깝다고 보면 된다. 세입자가 오가는 과정에 잠시 있는 공실은 정상적인 현상이라 보면 된다. 만약 관리사무실에서 '여기는 임대가 나오면 바로 나가기 때문에 공실이 없다'고 말하는 지식산업센터라면 합격이다.

## 7. 지하철과 거리가 얼마나 되나?

필자는 대구에 살기 때문에 차를 타고 가면 웬만한 곳은 30분이면 갈 수 있다. 대구 끝에서 반대편 끝까지 가면 1시간 걸린다. 반면 서울과 수도권은 지하철 천국이다. 서울은 출퇴근 시간이 1시간은 보통이고, 2시간 걸리는 곳도 있다. 지하철역에서 도보로 이동할 수 있는지, 없는지는 지식산업센터뿐만 아니라 상가, 사무실, 아파트 등 모든 부동산에 아주 중요한 문제다. 네이버 지도에서 도보거리가 얼마나 되는지 체크해보자. 반경 500m 미만이면 10분 이내로 이동이 가능하다고 보면 된다.

네이버 지도에서 도보거리 계산하기

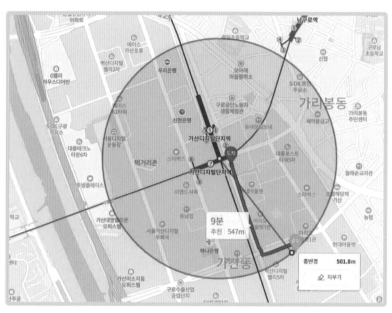

출처 : 네이버 지도

## B. 입주업체들이 어떤 업체인가?

입주업체들이 탄탄하고 큰 회사라면 이동이 적다. 아무래도 큰 업체가 많다는 것은 환경이 좋다는 것이다. 작은 업체들이 많으면 이동이 잦다. 그런 측면에서 임대를 한다면 작은 호실 2개를 하는 것보다 큰 호실 1개를 하는 것이 좋다. 그러나 매매차익을 생각한다면 큰 호실 1개보다는 작은 호실이 2개인 것이 좋다. 환금성 면에서는 작은 호실 2개가 낫다. 작은 규모의 호실은 쉽게 거래가 되지만, 규모가 큰 호실은 거래가 빈번하지 않다.

탄탄한 회사를 입주업체로 가진 지식산업센터를 보면 환경이 잘되어 있고 관리가 잘되어 깨끗하다. 그리고 월세가 밀릴 확률도 적다. 아파트를 임대할 때도 비싸고 좋은 아파트는 월세가 밀리지 않고 잘 관리된다. 반면 1억 원 미만 소형 아파트는 관리도 힘들고 월세도 빈번하게 밀리는 것을 필자는 많이 경험했다.

## 9. 세입자가 자주 바뀌진 않나?

앞서 설명한 입주업체들이 어떤지 확인해야 한다는 내용의 연장선에서 생각하면 될 것이다. 세입자가 자주 바뀐다는 것은 무엇인가 많이 부족하다는 것이다. 자주 바뀌면 임대인으로서 공실이 날 확률도 높고, 나중에 다시 임대를 내놓으려면 인테리어 비용, 중개수수료 등 부대 비용이 많이 들어갈 수밖에 없다. 중개사무소에서 자주 안 바뀐다고 말할 수도 있다. 중개사무소에서는 중개를 해서 수수료를 받아야 하는 입장이기 때문에 매수자에게는 좋은 점만 말하고 매도자에게는 나쁜 점만 말하게 된다. 그러나 중개사무소를 몇 군데 돌아다니다 보면 알 수 있다. 그리고 현장에 가서 한바퀴 둘러보며 입주자들에게 언뜻 물어봐도 좋다. 현장에서 세입자의 입장을 들어보면 솔직한 이야기를 듣게 된다. 그렇다고 세

입자 이야기를 모두 믿을 필요는 없다. 아무래도 세입자 입장에서
는 단점을 부각시킬 수 있다. 전적으로 믿다 보면 매입을 그르치는
실수를 범할 수도 있다.

## 10. 인근에 분양하는 지식산업센터가 있는가?

인근에 새 지식산업센터가 들어온다면 아무래도 세입자 입장
에서는 새로 지은 깨끗한 지식산업센터로 이사가고 싶은 마음이
생길 것이다. 인근에 새 아파트가 들어서면 이사하고 싶은 마음
이 들지 않겠는가. 인근에 많은 지식산업센터를 분양한다면 나중
에 내가 매입한 지식산업센터에 공실이 생길 가능성이 커진다. 중
개사무소에서 새로운 지식산업센터를 분양받아보라고 권하기도 할
것이다. 설명을 듣고 구 지식산업센터보다 10% 이상 차이가 나지
않는다면 새 지식산업센터가 더 경쟁력 있다. 그러나 요즘 지식산
업센터는 인기가 많아서 분양받기가 쉽지가 않다. 아파트 청약에
서 떨어지듯 지식산업센터도 분양받기 쉽지 않은 시스템으로 변해
가고 있다. 새로 지어지는 지식산업센터의 분양가가 많이 차이가
난다면 구축 지식산업센터를 구입하는 편이 좋다. 분양하는 새로
운 지식산업센터의 분양가격이 오르는 만큼 구축 지식산업센터도
가격이 따라 올라가기 때문이다. '저기는 저 가격에 분양하는데, 여
기도 이 정도는 받아야 하지 않느냐'는 것이 사람의 공통된 심리다.

## 11. 에어컨은 몇 대인가?

우리가 아파트를 살 때도 옵션 에어컨이 2대인지, 4대인지 물어본다. 요즘 아파트도 모두 매립형 에어컨으로 하는 추세다. 지식산업센터도 매립형 에어컨이 필수처럼 여겨진다. 물론 옵션으로 넣는 경우도 있다. 공간에 비해 에어컨의 대수가 넉넉하면 세입자를 구하기가 쉬워진다. 또 추가로 에어컨을 더 설치할 필요가 없어 좋다. 다른 요건에 비해 중요한 것은 아니나 한 번쯤 체크해보면 좋을 것이다.

## 12. 휴게실은 어디 있나?

휴게실은 너무 가까워도, 너무 멀리 있어도 좋지 않다. 너무 가까우면 휴게실 소음으로 업무에 방해가 될 수 있고, 또 너무 멀면 직원들이 이용하기 불편할 것이다. 필자가 부린이 시절 경매를 하면서 어린이공원이 붙어 있는 주택을 낙찰받았다. 필자는 당시 500여 평 어린이공원이 우리집 마당이 됐다며 좋아했다. 그런데 알고 보니 여름에는 밤늦게까지 소음이 들려왔고, 낮에도 떠들고 노는 어린이들과 청소년으로 인해 소음 피해가 장난이 아니었다. 그래서 세입자들이 별로 좋아하지 않는다는 것을 알았다. 결국, 그 주택은 어린이집 운영자가 매수했다. 어린이집을 짓는 특수 목적으로는 좋은 곳이어서 매도하게 됐다.

## 13. 인근에 대기업이 있나?

앞서 설명했듯이 인근에 대기업이 있다면 하청업체들이 많이 이용하기 때문에 임대가 잘 나갈 수 있다. 임차인이 많을수록 공실도 안 생기고 매매가격도 올라갈 것이다. 물론 손품으로 찾아볼 수 있으나 그 지역을 잘 아는 사람은 그 지역의 공인중개사일 것이다.

## 14. 인근 부대시설이 잘되어 있나?

지식산업센터가 대형화되면서 센터 내에 많은 부대시설이 갖춰져 있다. 그렇지 않은 경우는 인근 부대시설을 이용해야 한다. 자체에 부대시설이 있어도 한계가 있기 때문에 인근 부대시설(쇼핑몰, 커피숍, 골프연습장, 헬스장, 식당, 맥주집, 편의점, 서점, 문구점, 세무사 및 법무사 사무소, 영화관 등)이 잘되어 있으면 좋다. 멀리 이동하지 않아도 손님 접대나 쇼핑, 운동이 가능하면 편리하다. 지식산업센터 안에 있으면 더욱 편리하겠지만 걸어서 5분 이내 있다면 큰 불편 없이 이용이 가능하다.

## 15. 화장실 위치는 어디인가?

화장실은 편의시설일까? 혐오시설일까? 사무실 바로 옆에 화장실이 있다면 좋은가? 싫은가? 사람마다 조금 다를 수 있지만, 이것 또한 바로 옆이면 화장실을 오가는 사람들 때문에 불편할 수 있다. 또 청결 문제와도 연결되어 좋지 않을 수 있다. 그러나 너무 멀면 이용하기 불편할 것이다. 적당한 위치에 있는지 확인해볼 필요는 있다.

앞서 말한 모든 것이 100% 충족될 수는 없다. 나름대로 이 15가지 사항을 10점 만점으로 해서 얼마를 줄 것인가 생각하고, 거기에서 높은 점수의 지식산업센터를 선택하는 방식도 좋을 것이다. 필자는 인생에서 선택의 순간이나, 투자를 할 때 확률이 70%만 넘으면 무조건 투자하라고 조언한다. 어떤 사람은 100점 만점이 나와야만 투자를 하겠다고 한다. 그러면 평생 제대로 투자하지 못할 것이다. 똑똑한 사람이 투자하지 못하는 이유는 리스크를 너무 잘 알아서다. 10가지 중 1가지가 마음에 안 들면 투자를 안 한다. 그러나 진정한 투자자는 그 리스크를 감당해내면서 투자를 하는 사람이다.

사업가는 가능성이 51%만 넘으면 투자한다는 이야기가 있다. 필자는 강의할 때 이런 이야기를 가끔 한다. "유명 대학교 부동산학과 교수가 투자를 잘하나요? 복부인 아줌마가 투자를 잘하나요? 그럼 교수가 부동산에 대해서 잘 아나요? 복부인이 부동산에 대해서 잘 아나요?"

지식과 투자는 다르다. 교수는 지식이 너무 많아 리스크를 잘 찾아낸다. 완벽한 투자를 하려다 보니 투자자 마인드가 부족하다. 복부인은 모든 장단점을 알지는 못하지만 경험이 있다. 투자에 대한 육감과 투자자 마인드가 있어서 과감하게 실행에 옮긴다. 마침 인터넷에서 돌아다니는 말이 생각난다. "담아야 내 꺼 된다." 쇼핑 하라고 만든 말인데, 부동산 투자에도 아주 잘 맞는 것 같다. 부동 산도 담아야 내 꺼 된다.

쇼핑을 독려하는 아트박스 홍보물

필자는 부동산 투자도 사업가 마인드가 필요하다고 생각한다. 부동산 강의를 하다 보면 직장인은 투자를 잘하지 못하고 사업가 들은 과감하게 투자를 잘한다. 이건 많이 알고, 적게 알고의 차이 가 아니다. 사업가(투자자) 마인드가 되어 있느냐, 없느냐가 크게 작 용하는 것이다. 고기 먹어본 놈이 잘 먹는다고 부동산 투자도 투자 해서 수익을 내봐야 과감하게 투자할 수 있다.

강의할 때, 할머니의 손맛 이야기를 하기도 한다. "유명 조리 학과 교수님이 하는 음식이 맛있나요? 우리 할머니가 해준 음식이 맛있나요?" 모두가 할머니가 해준 음식이 맛있다 말한다. 대학 교수님은 얼만큼 넣어야 한다며 저울로 재가며 음식을 만들지만 우리 할머니는 손대중으로 대충 만든다. 그런데도 항상 맛있게 만들어내신다. 그게 바로 현장에서 경험한 노하우다. 우리 할머니도 음식을 잘 모르던 시절이 있었을 것이다. 태어나면서부터 음식을 잘 만드는 사람은 없다. 그러나 실수를 하면서 만들고, 또 만들고 10년 이상 하다 보면 고수가 된다.

독자들도 지금은 잘 모르겠지만, 도전하고, 실천하다 보면 언젠가는 지식산업센터 투자의 고수가 될 것이다. 할머니가 음식을 실패할까 봐 두려워서 도전을 안 했다면 평생 맛있는 음식을 만들 줄 몰랐을 것이다. 그러나 이제 할머니의 음식은 대충 만드는 것 같지만 맛있다. 우리도 많은 경험을 하다 보면 대충 해도 투자 수익을 낼 수 있다. 다만 더 나은 수익률이 어디 있을까는 항상 고민해야 한다.

# 당신은 가난한 사람인가?

세상에서 가장 같이 일하기 힘든 사람들은 가난한 사람들이다.

자유를 주면 함정이라 이야기하고
작은 비즈니스를 이야기하면 돈을 별로 못 번다고 이야기하고
큰 비즈니스를 이야기하면 돈이 없다고 이야기하고
새로운 것을 시도하자고 하면 경험이 없다고 하고
상점을 같이 운영하자고 하면 자유가 없다고 하고
새로운 사업을 시작하자고 하면 전문가가 없다고 한다.

그들에게는 공통점이 있다.
구글이나 포털에 물어보기를 좋아하고
희망이 없는 친구들에게 의견듣는 것을 좋아하고
자신들이 대학교 교수보다 더 많은 생각을 하지만
장님보다 더 적은 일을 한다.

그들에게 물어보라,
무엇을 할 수 있는지.
그들은 대답할 수 없다.

결론은 이렇다.

당신의 심장이 빨리 뛰는 대신

행동을 더 빨리 하고

그것에 대해서 생각해보는 대신

무언가를 그냥 하라.


가난한 사람들은

공통적인 한 가지 행동 때문에 실패한다.

그들의 인생은 기다리다가 끝이 난다.

그렇다면 현재 자신에게 물어봐라.


당신은 가난한 사람인가?


─중국 최대 사업가, 알리바바 전 회장 마윈(馬雲)─

# Part 04

부자 되는
지식산업센터
투자하기

# 수익률과 상승률,
# 두 마리 토끼를 잡아라

지식산업센터 투자의 좋은 점은 수익률과 상승률이라는 두 마리 토끼를 한 번에 잡을 수 있다는 것이다. 고전적인 아파트 투자 방법인 갭투자는 수익률을 잡기가 어렵다. 만약 5억 원 아파트에, 전세가 4억 원 정도 있다고 치자. 그럼 내 돈이 1억 원이 들어가야 하고, 1억 원에 해당하는 대출이자가 매월 들어가야 한다. 물론 가지고 있던 돈이어서 이자는 들어가지 않을 수도 있다. 하지만 그 1억 원을 통장에 넣어뒀을 때 받을 수 있는 이자는 받지 못한다. 그만큼의 기회비용을 잃는 것이다. 투자금이 매수 가격의 20% 정도 현금으로 들어간다.

만약 5억 원으로 지식산업센터를 매입하고 4억 원 정도 대출을 받는다고 가정해보자. 내 돈 1억 원을 투자한다면, 그 1억 원에 대한 이자를 수익으로 받을 수 있다. 아파트는 1억 원에 대한 월이자, 약 25만 원이 들어가므로 수익률로는 마이너스다. 그러나 지식산업센터는 대출금액과 투자금을 합쳐서 월이자 83.2만 원이 들어가지만, 월세 150만 원을 받을 수 있으므로 월이자를 빼고도 66.8만 원이라는 수익이 매달 발생한다.

반면, 아파트에 투자하면 매월 투자금에 대한 이자를 지불하고 나중에 매매차익이라는 상승률만 바라보게 된다. 지식산업센터는 매월 이자를 지불하고, 66.8만 원이라는 수익을 내서 높은 수익률도 누리고, 나중에 매매차익에 대한 상승률을 가져가 두 마리 토끼를 한꺼번에 잡을 수 있다.

| | 아파트 | 지식산업센터 |
|---|---|---|
| 매매가격 | 5억 원 | 5억 원 |
| 전세(대출) | 4억 원(무이자) | 4억 원(월 66.6만 원) |
| 투자금 | 1억 원(25만 원) | 1억 원(16.6만 원) |
| 이자 | 25만 원 | 83.2만 원 |
| 월세 | 0원 | 150만 원 |
| 월세 차익 | − 25만원 | 66.8만 원 |
| ※부대 비용은 모두 적용 안 함 | | |

물론 아파트 가격은 가파르게 상승하는 것과 비교해 지식산업센터는 많이 안 오르지 않느냐고 반문할 수도 있다. 지식산업센터가 오르지 않는다? 그렇지 않다. 상승하는 시기가 다를 뿐이다. 아파트도 많이 오르는 시기가 있고, 조정하는 시기도 있다. 심지어

불패의 강남아파트도 너무 오르면 조정장이 있기 마련이다.

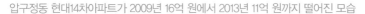

압구정동 현대14차아파트가 2009년 16억 원에서 2013년 11억 원까지 떨어진 모습

출처 : 아실

강남 압구정동 현대14차아파트는 2009년에 매매가 16억 원을 돌파했다. 그러나 2013년에는 11억 원까지 5억 원이 떨어졌다. 용인 내대지마을푸르지오는 2006년에는 매매가가 7억 원이었지만, 2018년 9월에는 4.5억 원까지 떨어졌다. 물론 조정된 후에는 상승한다. 그러나 그 공포를 이기지 못하고 매도하는 사람들도 많다.

용인 내대지마을푸르지오가 2006년 7억 원에서 2018년 4.5억 원까지 떨어진 모습

출처 : 아실

그러나 지식산업센터는 아파트 시장만큼 조정장이 잘 만들어지지 않는다. 상승과 조정을 반복하는 아파트 시장에서 꾸준한 상승과 수익률까지 함께 가져갈 수 있는 지식산업센터로 한번 눈을 돌려보라. 워런 버핏(Warren Buffett)은 큰 수익을 가지는 것보다 마이너스 수익을 조심하라고 했다. 상승장 한 방을 바라는 것보다 조정장 없이 꾸준히 상승하는 지식산업센터로 불안하지 않은 투자를 해볼 만하다. 필자는 전 미국 대통령 도널드 트럼프(Donald Trump)를 좋아한다. 트럼프의 명언을 몇 개 함께 살펴보자.

"나는 평생 거래를 하고 있다."

"인생을 사는 것보다 사업을 운영하는 게 더 쉬워 보인다."

"나는 항상 내 스스로를 약자라고 생각하길 원한다."

"나는 과거로부터 배우려고 노력한다.
그러나, 오로지 현재에 집중하면서 미래를 계획한다.
그것이 재미있는 점이다."

"때로는 승리할 새로운 방법을 위해,
패배를 할 때가 있다."

"경험은 나에게 몇 가지를 가르쳤다.
하나는 종이에 아무리 좋은 이론이라도,
직감에 귀를 기울여야 한다.
두 번째로 일반적으로 당신이 알고 있는 것을
고수하는 게 더 낫다.
그리고 세 번째로, 때로는 일을 벌이지 않는 것이
최고의 투자라는 점이다."

-도널드 트럼프(Donald Trump)-

# 임대를 잘 놓는 방법

지식산업센터는 특수물건이다. 아파트처럼 일반인들이 매입하는 것이 아니라 사업자이며 회사의 대표가 매입한다. 그래서 지식산업센터를 전문으로 하는 부동산 중개사무소는 법인 중개사무소가 많다. 지식산업센터를 매입하려는 대표도 법인을 운영하는 사람이 많기 때문이다. 공인중개사의 역량에 따라 진행 양상은 천차만별이기 때문에 공인중개사 선택에 신중해야 한다.

## 1. 대표의 마음에 들게 인테리어를 하자

지식산업센터 인테리어를 보면 회사 대표이사 자리가 큰 창문이 있는 좋은 위치에 있다. 당연하다. 사무실 선택의 결정권자는 대표다. 아파트 매입 결정권은 주부에게 있기 때문에 주방 인테리어나 욕실 인테리어를 깔끔하게 하는 것과 마찬가지다. 지식산업센터도 결정권을 가진 대표가 호감을 느낄 수 있게 인테리어해야한다. 물론 임대뿐만 아니라 매매도 마찬가지다. 임대를 위해서나 매매를 위해서나 결정권자인 대표의 마음에 들게 인테리어를 해놓아야 한다.

사실 수요에 비해 지식산업센터 공급량이 적은 지역에서 세입자가 회사에 맞게 직접 인테리어해서 들어온다면 더할 나위 없이좋다. 법인 회사는 법인의 자금을 이용해서 회사 여건에 맞게 인테리어를 직접 하고 들어오는 경우도 자주 있다. 규모가 큰 지식산업센터인 경우 입점기업도 크기 때문에 알아서 인테리어를 잘해서들어온다. 이런 경우에는 임차기간도 길어 이사를 잘 가지 않는다. 만약 옮긴다면 다시 인테리어를 해야 하는 번거로움이 생긴다. 게다가 거래처가 많은 회사일 경우 거래처의 관리 문제와 회사 이미지 관리 때문에 자주 이사를 가지 않는다.

그러나 작은 규모의 지식산업센터라면 임차회사도 규모가 작아 인테리어를 자부담으로 하기 어려우므로 인테리어가 깔끔하게잘되어 있는 사무실을 찾기도 한다. 그러한 경우 이전 설치가 어려운 설비를 해준다면 월세도 더 받을 수 있고, 임차인의 선택을 받을 확률이 높아진다. 예를 들어 발코니를 확장해준다던가, 블라인드나 매립 에어컨을 설치해준다거나, 싱크대, 대표이사실, 탕비실, 회의실 같은 공간의 분리를 해줄 수도 있을 것이다. 또한 앞서

설명했던 파사드도 회사에 맞게 해주면 임차인의 만족도가 아주
높다.

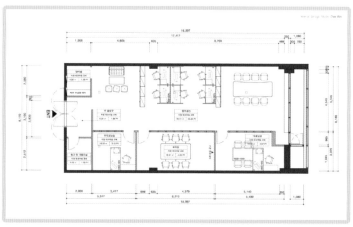

출처 : 나눔스쿨 서울센터 시안자료

## 2. 가급적이면 보증금을 많이 받자

아파트와 달리 지식산업센터는 보증금을 적게 받는 편이다. 일반 상가와 비교해봐도 적게 받는 편이다. 보통 10개월 치 월세를 보증금으로 받는데, 이 제도는 월세 10배를 보증금으로 받는 외국의 관례를 그대로 적용해서 그렇다. 부동산 중개사무소에서도 지식산업센터는 '원래 그렇게 받는다'라며 설득한다. 그러나 월세 10배는 몇 달만 연체해도 사라져버릴 금액이다.

아파트 시장에도 '뻐꾸기 부부'라는 말이 있다. 이건 신문에도 보도된 실제 사례다. 이 부부는 부산에서 고급아파트만 돌아다니면서 임대를 하고 월세를 내지 않으며 거주했다. 마치 뻐꾸기가 다른 새의 둥지에 알을 낳는 것처럼 남의 집을 제집처럼 사용한 것이다. 부부는 처음에 계약금 200만 원만 주고, 나머지는 이사하면서 주겠다고 했다. 그러고는 보증금도 안 주고, 월세도 안 내면서 거주했다. 몇 년을 다음 달에 준다고 미루면서 살았다. 어렵게 명도를 하고 나면 그 부부에게는 재산이 없어 소송해도 받을 길이 없다. 결국, 집주인만 몇천만 원씩 손해를 보고 말았다. 그렇게 한 집이 아닌 여러 집을 돌며 살다가 나중에 구속까지 당한 실화다.

실제로 지식산업센터를 분양받은 지인은 보험회사를 하는 세입자에게 지식산업센터를 빌려주고 월세가 밀려 몇천만 원 손해를 봤다. 다행히 시세가 몇억 원이 올라 스트레스는 많이 받지 않았다. 명도하는 데도 상당한 기한이 걸렸고, 밀려 있는 월세를 받기 위한 소송이 아직도 진행 중이다. 물론 안 받아도 그만이라고 생각할 수 있지만, 뻐꾸기부부처럼 다른 지식산업센터에 가서 피해를 또 줄 것이라 우려해서 소송을 매듭지을 각오라고 했다. 이와 같은 불상사가 생기지 않으려면 3개월 연체가 됐을 때 바로 내용증명을 보내고 명도소송을 진행해야 한다. 명도소송을 이렇게 바로 진행해도 최장 6개월이 걸린다. 밀린 3개월과 진행기간 6개월을 합치면 순식간에 9개월 밀리게 되어 10개월 월세 보증금을 받아도 소송비와 변호사비 등을 충당하기에는 비용이 부족하다.

필자는 적어도 20개월 월세를 받아야 한다고 생각한다. 만약 보증금을 적게 내고 온다는 세입자가 있다면 안 받는 게 좋다. 20개월 보증금을 내놓을 자신이 없다면 월세를 밀릴 확률도 높다. 월세를 조금 덜 받더라도 보증금을 넉넉하게 받는 게 서로 신뢰를 가질 수 있는 길이라고 생각한다.

## 3. 렌트프리를 주더라도 월세를 많이 받아라

렌트프리란 약정기간 동안 상가, 사무실 등을 공짜로 빌려주는 무상임대다. 원래 상가 주인들이 장사하기 전에 인테리어하는 기간을 무상임대 기간으로 제공해주는 것에서 시작됐다. 오피스빌딩인 경우 장기 임차인 유치를 위해 일정기간 무상으로 사용할 수 있도록 제공하는 서비스기도 하다.

그러나 2000년대 후반 글로벌 금융위기 이후 부동산 불황과 창업 시장의 부진으로 상가 임차인을 구하기 어려워지자 렌트프리 (무상임대) 조건을 내건 상가들이 많이 등장했다. 왜 렌트프리를 주더라도 월세를 많이 받아야 할까? 상가와 오피스는 월세가 곧 매매가격을 결정하기 때문이다. 월세 수익률에 따라 매매가가 책정된다. 예를 들어 렌트프리를 주지 않고 24개월 동안 월 100만 원을 받는다면 2년 간의 수익은 2,400만 원이다. 렌트프리를 6개월 주고 월세를 133만 원 받는다면 2,394만 원으로 2년 동안 수익이 전자에 비해 조금 적다. 그러나 월세가 100만 원인 경우와 월세가 133만 원인 경우는 매매할 때 가격 차이가 난다. 만약 임차인이 월세를 깎으려고 한다면 렌트프리를 몇 개월 주겠다고 협상하는 편이 낫다.

## 4. 부가가치세 별도를 꼭 명시하라

아파트 월세를 놓은 임대사업자라면 부가가치세를 놓치면 안 된다. 아파트처럼 거주의 목적이 아니라 사업을 하는 임차이므로 세금계산서를 꼭 발급해야 한다. 혹시 '세금계산서를 발급하지 않아도 된다'고 말했더라도, 나중에 발급해달라고 하면 어쩔 수 없이 해줘야 하는 상황이 발생한다. 이건 임차가 아니라 매매계약을 할 때도 마찬가지다. 주택이 아닌 상가나 사무실을 매매할 때는 건물가액에 대한 부가가치세가 발생한다. 만약 부가가치세 별도를 명시하지 않았는데 건물가액이 크다면 부가가치세 몇천만 원 이상을 매수자가 부담해야 하는 곤란한 상황이 발생할 수도 있다.

## 5. 교통유발부담금의 임차인 부담을 명시하자

교통유발부담금의 정의에 대해서는 뒷부분에서 다시 설명하겠다. 간단히 설명하면 일정 면적 이상일 때 발생하는 교통유발부담금을 누가 부담할 것인가를 협의해야 한다. 계약서에 특약으로 명시하지 않는다면 소유자, 즉 임대인이 부담하게 된다. 특약사항에 임차인 부담을 명시해야만 임대인이 나중에 부담하는 것을 피할 수 있다. 법적으로는 임대인이 부담하게 되어 있는 것이 맞다. 그러나 필자는 실제로 사용하는 임차인이 부담해야 한다고 생각한다. 현장에서는 각각 반을 부담하는 특약 조항을 넣기도 한다.

## 6. 여러 부동산 중개사무소에 내놓아라

부동산 중개사무소에 임대를 내놓으면 우리 중개사무소만 믿고 기다려달라고들 말한다. 왜냐하면 중개사무소에서는 한 개라도 자기 물건으로 보유하고 싶은 생각이 있다. 그러나 손님은 그 중개사무소만 가는 게 아니다. 중개사무소 입장에서도 임대인과 임차인이 자기 손님이라면 일명 양타(임대인수수료와 임차인수수료를 함께 받는 것)를 해서 수수료를 많이 받고 싶은 것은 어쩔 수 없다. 그래서 어차피 공동중개를 하면 되니까 맡겨달라고 한다.

물론 임대인 우위 시장이라면 한곳에 맡기더라도 잘 나갈 수 있다. 그러나 임차인 우위 시장이라면 절대 빨리, 그리고 비싸게 나갈 수 없다. 임대인 입장에서는 어느 부동산에 수수료를 주더라도 좋은 손님에다 월세를 많이 받아줄 수 있는 중개사무소를 선택할 수밖에 없다. 그래서 여러 중개사무소에 내놓아 중개사무소끼리 경쟁하게 하는 것도 좋은 방법 중 하나다. 여러 중개사무소에 내놓아 여러 손님 중 우량의 세입자를 선택하고, 월세를 최대한 많이 받는 것이 좋다.

　한 가지 덧붙이자면 내부 사진을 찍고, 지식산업센터의 옵션과 임대조건을 프린트해서 중개사무소에 한 부씩 나눠주는 방법도 좋다. 그게 불편하다면 중개사무소 휴대폰 번호를 수집해서 문자로 보내는 방법도 괜찮다. 물론 친하고, 정말 잘하고, 믿을 수 있는 지식산업센터 전문 공인중개사가 있다면 일단 맡겨봐도 좋다. 서로 신뢰가 없는 중개사무소라면 한 번 하고 만다는 생각으로 임차인을 속이고 조건을 임대인에 유리하게 계약서를 쓰는 경우도 있다. 그러므로 서로 신뢰가 쌓인 부동산 거래를 하는 것이 아무래도 안전하다.

# 교통유발부담금이란
# 무엇일까?

　교통유발부담금은 대도시의 교통혼잡을 완화하기 위해 교통혼잡을 유발하는 일정 규모 이상의 시설물 소유자에게 부과하는 부담금이다. 도시교통정비촉진법 36조에 의해 매년 1회 부과 징수한다. 1990년에 처음으로 시행됐다. 일정 규모란 각층 바닥면적의 총합이 1,000㎡ 이상인 시설물 중 본인 소유 면적이 160㎡ 이상을 말하며, 이 경우 부과 대상이 된다. 공동소유 시 소유지분에 따라 부과된다. 소유지분의 합계 면적이 160㎡ 미만이면 부과 대상에서 제외된다. 상주인구 10만 명 이상의 도시 등 인구가 밀집된 지역에만 부과된다.

　교통유발부담금 부과 대상자는 원칙적으로 소유자, 즉 임대인이다. 단, 특약사항에 임대차 목적물 이용자가 부담한다는 단서 조

항을 삽입하면 임차인이 부담한다. 현장에서는 반반 부담하기도
한다.

교통유발부담금은 경감받을 수도 있다. 시설물의 소유자가 휴
업을 하는 등 특별한 사유가 발생해서 30일 이상 그 시설물을 사
용하지 않으면 경감받는다. 또, 시설물의 소유자 또는 관련법 제
44조에 따른 조합이 시설물을 출입하는 교통량을 줄이기 위한 프
로그램을 실시하는 경우, 그 밖에 공익상 불가피하게 교통수요관
리의 촉진을 위해 필요한 경우에는 경감받을 수 있다. 임대사업자
가 공실인 경우에는 시설물 미사용 신고서(부록 참조)를 작성해서 관
할지자체에 송부한다. 감면대상 증빙서류는 전기, 수도, 가스 사용
내역 및 관리비내역, 휴업·폐업 증명서, 부동산임대공급가명세서
등 시설물 미사용 증거자료 중 1가지를 선택해서 관할구청 및 시청
에 제출하면 된다.

분양면적 × 단위부담금(㎡) × 교통유발계수

교통유발부담금 부과 산정기준은 이렇다. 일반적으로 기준시
가가 5억 원이면 70만 원 정도 부과된다. 교통유발부담금은 전년
8월 1일부터 금년 7월 31일까지 부과한다. 매년 7월 31일 소유자
에게 부과되고, 연 1회 후납제며, 납부기간은 매년 10월 16일부터
10월 31일까지다.

교통유발부담금의 면제 대상도 있다.

* 주한 외국 정부기관, 주한 국제기구 및 외국 원조 단체 소유
  의 시설물
* 주거용 건물(복합 용도 시설물의 주거용 부분 포함)
* 주차장, 차고, 여객자동차터미널, 도시철도시설
* 정당, 종교시설, 교육용 시설물, 사회복지시설, 대한적십자
  사 소유 시설물
* 박물관 및 미술관, 한국문화예술위원회 및 지방문화원, 도서관
* 보훈병원, 재향군인회 및 국가유공자단체, 국가정보원
* 송배전용 변전소, 지방자치단체 소유의 쓰레기 처리시설, 상
  수도 정수시설, 공동주택 안의 복리시설 등
* 관계 법률에 따라 부담금이 면제된 시설 등

해당사항에 적용되는 시설은 모두 교통유발부담금 면제 대상
이다.

시설물의 교통유발계수는 다음 표와 같다.

| 구분 | 대분류 | 세구분 | 세분류 | 유발계수 |
|---|---|---|---|---|
| 1 | 근린생활시설 | 가 | 식품·잡화·의류·완구·서적·건축자재·의약품·의료기기 등 일용품을 판매하는 소매점 | 1.68 |
| | | 나 | 일반음식점 | 2.56 |
| | | 다 | 실외골프연습장 | 5.00 |
| | | 라 | 탁구장, 체육도장, 테니스장, 체력단련장, 에어로빅장, 볼링장, 당구장, 실내낚시터, 실내골프연습장, 놀이형시설 등 주민의 체육활동을 위한 시설 | 1.8 |
| | | 마 | 그 밖의 근린생활시설 | 1.44 |

| 구분 | 대분류 | 세구분 | 세분류 | 유발계수 |
|---|---|---|---|---|
| 2 | 의료 시설 | 가 | 종합병원 | 2.56 |
| | | 나 | 병원, 치과병원, 한방병원, 정신병원, 요양병원 및 격리병원 | 1.34 |
| 3 | 교육연구시설 | 가 | 교육원, 연구원, 직업훈련소, 학원 (자동차학원은 제외) | 1.42 |
| | | 나 | 연구소(연구소에 준하는 시험소, 계량계측소 포함), 도서관 | 0.90 |
| 4 | 운동시설 | 가 | 체육관, 운동장, 골프장(골프연습장은 제외) | 1.68 |
| 5 | 업무시설 | 가 | 공공 업무시설 및 일반 업무시설 | 1.80 |
| 6 | 숙박시설 | 가 | 관광숙박시설 중 4성급 이상의 호텔, 가족호텔, 휴양 콘도미니엄 | 2.62 |
| | | 나 | 일반숙박시설, 가목에 해당하지 않는 관광 숙박시설 | 1.16 |
| 7 | 판매시설 | 가 | 도매시장 | 1.81 |
| | | 나 | '유통산업발전법' 제2조3호 및 별표에 따른 대규모 점포 | 10.92 |
| | | 다 | 그 밖의 소매시장, 상점 | 1.81 |
| 8 | 위락시설 | 가 | 유흥주점, 근린생활시설에 포함되지 않는 단란주점 | 3.84 |
| | | 나 | 그 밖의 위락시설에 해당하는 시설 | 2.16 |
| 9 | 관람집회시설 | 가 | 공연장 : 극장, 영화관, 연예장, 음악당, 서커스장, 비디오물감상실, 비디오물소극장 | 3.55 |
| | | 나 | 집회장 : 예식장, 공회당, 회의장 | 4.16 |
| | | 다 | 관람장 : 운동경기 관람장(운동시설에 해당하는 것은 제외), 경마장, 자동차경기장 | 3.55 |
| 10 | 전시시설 | 가 | 전시장 : 박물관, 미술관, 과학관, 문화관, 체험관, 기념관, 산업전시장, 박람회장 | 3.55 |
| | | 나 | 동·식물원 : 동물원, 식물원, 수족관 | 0.72 |
| 11 | 공장시설 | 가 | – | 0.47 |
| 12 | 창고저장시설 | 가 | 창고, 하역장 | 0.61 |
| 13 | 운수시설 | 가 | 여객자동차터미널, 화물터미널 | 5.56 |
| | | 나 | 철도시설 | 4.13 |
| | | 다 | 공항시설, 항만시설 | 1.81 |
| 14 | 자동차 관련 시설 | 가 | 세차장, 폐차장, 검사장, 매매장, 정비공장 | 1.49 |
| | | 나 | 운전학원, 정비학원 | 0.88 |
| 15 | 방송통신시설 | 가 | 방송국, 촬영소 | 1.89 |
| | | 나 | 전신전화국 | 1.00 |
| 16 | 관광휴게시설 | 가 | 야외음악당, 야외극장, 어린이회관, 관망탑, 휴게소, 공원·유원지 또는 관광지에 부수되는 시설 | 3.10 |
| 17 | 그 밖의 시설물 | | | 1.20 |

시설물의 단위부담금(제3조의2 관련)

## 1. 시설물의 연도별 단위부담금

| 시설물의 각 층 바닥면적의 합 (부담금을 부과하지 않는 시설물에 해당하는 면적을 포함) | 연도별 단위부담금 | | | | | | |
|---|---|---|---|---|---|---|---|
| | 2014년 | 2015년 | 2016년 | 2017년 | 2018년 | 2019년 | 2020년 |
| 3,000㎡ 이하 | 350원 | 350원 | 350원 | 350원 | 350원 | 350원 | 350원 |
| 3,000㎡ 초과 30,000㎡ 이하 | 350원 | 400원 | 450원 | 500원 | 550원 | 600원 | 700원 |
| 30,000㎡ 초과 | 400원 | 500원 | 600원 | 700원 | 800원 | 900원 | 1,000원 |

## 2. 시설물의 연도별 부담금의 산정 : 시설물의 각 층 바닥면적의 합에 따른 부담금은 다음 산식을 적용해서 계산한 금액으로 한다.

| 시설물의 각 층 바닥면적의 합 | | 부담금 |
|---|---|---|
| 3,000㎡ 이하 | | 3,000㎡ 이하 부분 면적 × 350원 X 교통유발계수 |
| 3,000㎡ 초과 30,000㎡ 이하 | 2014년 | 30,000㎡ 이하 부분 면적×350원X교통유발계수 |
| | 2015년 | [105만 원+(3,000㎡ 초과 부분 면적×400원)]×교통유발계수 |
| | 2016년 | [105만 원+(3,000㎡ 초과 부분 면적×450원)]×교통유발계수 |
| | 2017년 | [105만 원+(3,000㎡ 초과 부분 면적×500원)]X교통유발계수 |
| | 2018년 | [105만 원+(3,000㎡ 초과 부분 면적×550원)]×교통유발계수 |
| | 2019년 | [105만 원+(3,000㎡ 초과 부분 면적×600원)]×교통유발계수 |
| | 2020년 이후 | [105만 원+(3,000㎡ 초과 부분 면적×700원)]×교통유발계수 |
| 30,000㎡ 초과 | 2014년 | [1,050만 원+(30,000㎡ 초과 부분 면적×400원)]X교통유발계수 |
| | 2015년 | [1,185만 원+(30,000㎡ 초과 부분 면적×500원)]X교통유발계수 |
| | 2016년 | [1,320만 원+(30,000㎡ 초과 부분 면적×600원)]X교통유발계수 |
| | 2017년 | [1,455만 원+(30,000㎡ 초과 부분 면적×700원)]X교통유발계수 |
| | 2018년 | [1,590만 원+(30,000㎡ 초과 부분 면적×800원)]X교통유발계수 |
| | 2019년 | [1,725만 원+(30,000㎡ 초과 부분 면적×900원)]X교통유발계수 |
| | 2020년 이후 | [1,995만 원+(30,000㎡ 초과 부분 면적×1,000원)]X교통유발계수 |

# 지식산업센터
# 분석 사이트를 알자

## 1. 네이버 부동산

먼저 네이버 부동산에서 상업, 업무, 공장, 토지 메뉴를 체크한다. 그러면 지식산업센터 물건만 조회할 수 있다. 네이버가 지식산업센터만을 위한 메뉴를 만들었다는 것은 그만큼 찾는 사람이 많다는 것이다. 서울 가산디지털단지역 주변을 조회하면 매매물건, 월세물건을 볼 수 있다. 가격을 체크하고 광고하고 있는 부동산 중개사무소에 전화해서 가격을 물어본다. 해당 지식산업센터의 월세가 잘 나가는지, 투자자들이 얼마나 오는지도 물어본다. 그리고 중개사무소 명함을 문자로 부탁하고 직접 방문해서 물건분석을 한다.

이렇게 찾아서 나오는 중개사무소들은 대부분 지식산업센터만 중개하는 곳이 많다. 특히 성수동이나 가산동, 구로동, 영등포동, 당산동, 염창동, 가양동에 많이 분포되어 있다. 지식산업센터는 특수물건이다 보니 네이버에 물건을 많이 올리지 않는다. 경쟁업체들끼리 서로 정보가 유출되는 것을 꺼리기 때문이다.

네이버 부동산의 지식산업센터 메뉴 화면

출처 : 네이버 부동산

아파트와 달리 토지나 상가도 마찬가지다. 부동산 시장에서는 물건을 빼오는 아르바이트가 있다는 이야기도 있다. 손님인 척하고 중개사무소를 돌아다니면서 물건을 보고 오고 다른 중개사무소에 물건의 정보를 주는 아르바이트다. 그래서 전화로 문의를 하면 잘 안 가르쳐주기도 한다. 특수물건일수록 방문해야만 급매물건이나 좋은 물건을 소개해준다. 한 번이 아닌 여러 번 방문해서 서로 신뢰를 쌓아야만 좋은 물건이 돌아올 확률이 높아진다는 것을 명심해야 한다. 부동산 투자 마인드나 큰 흐름을 한번 배워보고 싶은 독자라면 필자의 책《부의 나침반》을 일독하길 권한다.

## 2. 지식산업센터114

지식산업센터에 대한 정보를 주는 플랫폼이다. 특히 신규 분양하는 곳들을 한눈에 볼 수 있도록 만들었다. 수도권에서 분양하는 곳들을 찾기에 유용할 것이다. 정보의 한계로 홈페이지에는 수도권 분양단지 위주로 정보를 제공하고 있다. 분양하는 단지의 정보를 찾는 데 좀 어려움이 있는 분이라면 이곳을 이용해서 단지를 찾고, 정보를 찾아본 다음에 네이버 블로그를 통해서 분석하면 좋다.

이 사이트의 장점은 지식산업센터의 실거래가 정보를 제공하는 유일한 사이트라는 것이다. 그러나 실거래가의 업데이트가 늦고, 현장가격과 차이가 너무 나는 경우가 많다. 파악한 정보는 꼭 현장에 방문해서 확인해보기를 권한다. 그리고 분양단지를 물어보면 분양하는 사업자를 연결해주기때문에 분양업자들의 말만 믿고 무작정 매입하는 실수는 저지르지 말아야 한다. 분양하는 회사의 입장에서는 그 물건이 좋든 안 좋든 좋다고 설득해서 분양하려고 한다. 본인이 열심히 분석해서 선택해야 후회가 없다. 아직 실력이 부족하다고 생각한다면 네이버 카페 나눔스쿨에 방문해서 필자의 강의를 들으시라. 지식산업센터의 정의와 흐름을 공부하는 것이 먼저다.

지식산업센터114 홈페이지

출처 : 지식산업센터114

## 3. 구글 대한민국 지식산업센터(아파트형공장) 지도

구글의 지식산업센터 위치도

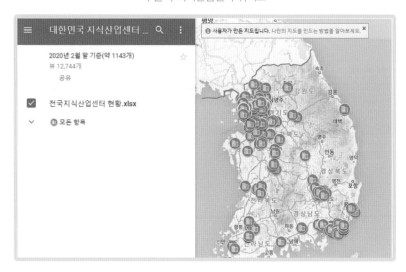

출처 : 보이지 않는 도시연구소

보이지 않는 도시연구소에서 만든 것으로 팩토리온 자료를 활용한 것으로 보인다. 상업성이 없이 단순히 정보제공 차원에서 만든 것이라 객관적인 것 같다. 구글에서 대한민국 지식산업센터라고 치면 홈페이지링크가 나온다. 내가 원하는 지역에 가서 지식산업센터의 정보를 찾아보면 될 것이다. 시행사부터 승인일, 관리실, 사무실 등 상세한 정보를 볼 수 있어서 흥미롭다. 그러나 물건이나 상세한 정보는 역시 지역의 부동산 중개사무소에 찾아가봐야 한다. 손품(인터넷을 통해서 정보를 얻는 방법)을 팔아 어디에, 어떤 물건들이 있는지 정보를 찾아보기에 좋다.

## 4. 팩토리온

팩토리온 홈페이지

출처 : 팩토리온

팩토리온은 산업통상자원부 산하 한국산업단지공단에서 운영하는 정부 기관 사이트다. 실제로 사용하는 사업자들이 여러 가지 정보를 얻는 데 유리하다. 공장설립부터 정책자금이라든가 사업자 신청, 입지정보, 분석, 등록공장 검색, 증명서 발급, 공단 분양 등 다양한 정보가 많다.

## 5. 네이버 블로그와 카페

요즘은 손품의 시대다. 모든 정보는 인터넷에 있다. 요즘 투자자들은 손품(인터넷에서 검색을 통해 정보를 얻는 방법) 90%, 발품(현장에 직접 가서 정보를 얻는 방법) 10%라고 한다. 발품으로 현장을 보는 것도 중요하지만 손품을 통해 정보를 얻는 게 그만큼 중요하다는 것이다. 필자는 어느 지역 임장(부동산 정보를 얻기 위해 현장에 가보는 것)을 갈 때 충분한 손품을 거쳐 임장한다. 손품을 팔지 않고 임장을 가면 어떤 걸 봐야 할지 몰라 많은 시간을 빼앗긴다. 그러나 손품을 많이 한 상태에서는 가봐야 할 곳과 가지 말아야 할 곳들을 선택해서 갈 수 있다. 그리고 부동산 중개사무소 소장님과 대화를 하면서 장단점을 충분하게 판단할 수 있다. 충분한 손품을 거쳐 중개사무소 소장님의 말에 현혹되어 잘못된 선택을 하는 일은 없어야겠다.

필자의 경우는 인터넷으로 지도를 찾아보면 여러 각도에서 위치를 한눈에 볼 수 있어 좋다. 마치 헬리콥터를 타고 그 지역을 돌아다니는 것 같다. 나무는 현장에서 볼 수 있겠지만 손품으로 숲을 보는 시각을 가질 수 있다.

필자가 운영하는 네이버 카페 나눔스쿨(https://cafe.naver.com/jtkschool)과 네이버 블로그 나눔부자의 경제여행(https://blog.naver.com/buoasis)에 방문하면 많은 정보를 얻을 수 있다.

네이버 카페 나눔스쿨 홈페이지

출처 : 네이버 카페

# 아직도
# 저평가되어 있다

　문정지구 지식산업센터는 2015년 평당 850만 원에 분양했다. 2020년에는 평당 1,700만 원까지 올랐고, 1년 새에 평당 2,500만 원까지 치솟았다. 2025년에는 평당 3,400만 원까지 상승할 수 있으리라 예상한다. 최근 아파트 가격이 치솟으면서 주택 투자에 대한 규제가 점점 심해지고 있다. 주택에 쏠리던 부동산 투자자들이 규제를 피해 지식산업센터로 몰리고 있다. 게다가 인플레이션 현상까지 겹쳐 프리미엄이 폭등 중이다.

　성수동도 마찬가지다. 2015년 평당 750만 원, 2020년 평당 1,500만 원을 호가하고, 2025년에는 평당 3,000만 원 정도가 예상됐다. 그러나 2021년 이미 평당 2,500만 원을 호가한다는 이야기가 나온다.

영등포동 또한 2015년 평당 750만 원 하던 것이 2020년 평당 1,400만 원, 2025년 평당 2,600만 원을 예측한다. 가산 G밸리도 평당 550만 원이었는데, 2020년 평당 1,075만 원이 됐고, 2025년 2,100만 원을 호가할 것으로 예상한다.

경기도 지식산업센터도 2015년 평균 평당 400만 원 하던 것이 2020년 평당 750만 원까지 올랐고, 2025년 1,400만 원까지 오를 것으로 예상한다.

인천 지식산업센터도 2015년 평균 350만 원 하던 것이 2020년 평당 600만 원이었고, 2025년 1,020만 원을 넘어설 것으로 예상한다.

이렇듯 지식산업센터는 5년마다 평균 2배 정도 오르고 있다. 대출이라는 레버리지를 활용한다면 적은 투자금으로 상당한 수익을 발생시킬 수 있다. 만약 대출을 80% 받을 수 있다면, 20%의 투자금으로 5년 만에 5배의 수익을 낼 수 있다는 계산이 나온다.

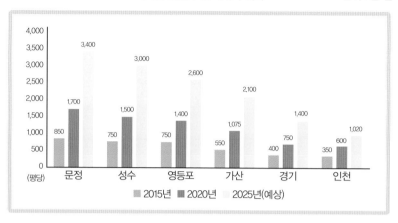

지역별 분양가 및 매매가 예측　　　　　　　단위 : 만 원

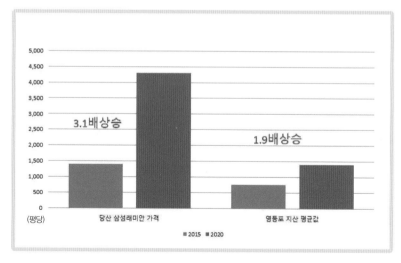

아파트와 지식산업센터 가격 변화　　　　　　단위 : 만 원

2020년 아파트 가격과 지식산업센터의 가격을 비교해보자. 영등포의 아파트 가격은 평당 5,600만 원인 반면에 지식산업센터는 평당 1,700만 원이다. 강서구 아파트는 평당 4,500만 원이고, 지식산업센터는 평당 1,500만 원이며, 금정구 아파트는 평당 3,100만 원이다. 지식산업센터는 평당 850만 원으로 크게 가격 차이가 난다. 물론 평당 가격만을 비교해서 투자 대상을 판단하기는 어렵다. 하지만 투자 대상으로 지금의 투자비를 따져보면, 아파트에 비해 지식산업센터는 아직 투자비가 적게 드는 투자 대상이라는 것을 알 수 있다. 아파트와 지식산업센터를 비교하는 여러 자료 중 중요한 부분을 차지할 만한 가치가 있다.

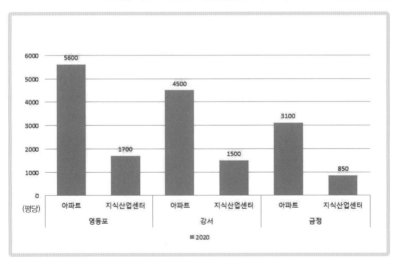

2020년 아파트가격과 지신산업센터 가격 비교          단위 : 만 원

# 지식산업센터도
# 브랜드 시대가 온다

과거 지식산업센터는 대륭건설, 에이스건설, 코오롱건설, 우림건설 등 건설 대기업보다 중소기업이 많이 지으면서 성장해왔다. 특히 대륭건설과 에이스건설은 지식산업센터만 전문적으로 짓는 건설업체다. 그러나 요즘은 대기업이 지식산업센터 건설에 나서면서 규모가 대형화되었다. 아파트 브랜드로 살펴보면 래미안의 삼성건설, 이편한세상의 대림건설, 푸르지오의 대우건설이 건설회사 이름이 아닌 브랜드를 내세워서 만들고 있다. 지식산업센터도 이제 브랜드화가 본격적으로 진행되고 있다. 먼저 SK건설의 SKV1이 브랜드를 앞세워 달려가고 있고, 뒤를 이어 태영건설의 태영데시앙플렉스, 현대엔지니어링의 현대테라타워, 현대건설의 현대프리미어캠퍼스, 그리고 최근에 브랜드를 만든 SK D&D

의 생각공장, 롯데건설의 놀라움 등 지식산업센터 브랜드가 출시되고 있다.

각종 지식산업센터 브랜드

　　SK건설의 SKV1은 지식산업센터 브랜드화의 선두주자다. 현대엔지니어링 현대테라타워는 경기도 택지 지역에 드라이브인시스템과 함께 대형화를 실시하고 있다. SK D&D에서 짓는 생각공장은 성수동 생각공장이 성공하면서, 생각공장이면 어디든 좋다는 브랜드 이미지를 쌓아가고 있다. 데시앙플렉스도 여러 현장에 브랜드를 이용해 분양하면서 브랜드 인지도를 높여가고 있다. 현대건설은 현대프리미어캠퍼스 브랜드로 지축역에 대형 지식산업센터를 짓는다. 이번 마곡단지에 분양한 롯데건설은 놀라움 브랜드를 사용했다.

앞으로 지식산업센터 건축에는 다른 대기업도 진출할 것이라고 예상한다. 브랜드 지식산업센터의 가치는 점점 상승할 것으로 기대한다. 이제 지식산업센터를 선택하려면 대형건설사와 브랜드를 보고 선택하는 게 미래가치를 봤을 때 안전한 선택이 될 수 있다. 아파트도 브랜드 아파트가 높은 인지도로 가치가 올라간다. 아무래도 대형건설사가 지으면 내구성이 좋을 것으로 대중에게 인식될 것이고, A/S 면에서도 안정적일 것이라 생각된다.

# 지식산업센터는
# 분할과 합병이 가능하다

지식산업센터는 호실별로 분양한다. 그러나 사용자에 따라 선호하는 크기가 달라 호실을 분할하거나 합병해서 사용할 수 있다. 어떻게 하면 수익률을 높이고 사용가치를 높일까 연구해야 한다.

대형 호실의 분할 예시 도면

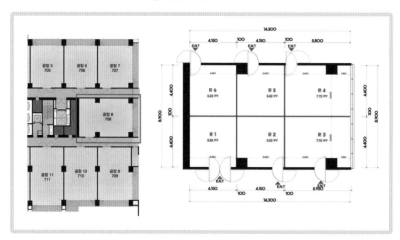

좌측 도면 공장8의 708호실은 중간에 위치해 있다. 입구가 양쪽으로 되어 있는 호실로, 크기가 커서 수익성이 좋지 않다. 그러나 이 단점을 장점으로 만들어 호실을 우측 도면처럼 6개로 나누었다. 각 호실을 나누어 임대한다면 호실당 월세를 받아 수익성이 높아진다. 예를 들어 월세를 한꺼번에 200만 원 받는 호실이었는데 이처럼 분할하면 호실당 50만 원만 받더라도 6개 호실이어서 총 300만 원을 받을 수 있다.

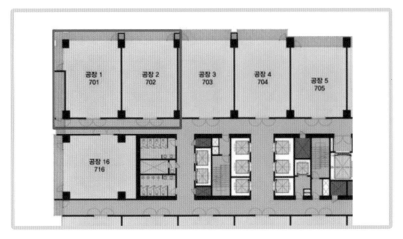

출처 : 네이버

반면 코너 호실 공장1 701호와 다음 칸의 공장2 702호실을 함께 임대한다면 더 많은 월세를 받을 수 있다. 대형 회사인 경우 코너의 호실을 찾으면서 큰 사무실을 찾는 경우가 많다. 이 회사는 공장1과 공장2를 함께 임대해서 대형 평수로 이용하면 된다. 요즘 분양할 때 코너 호실은 최소 2칸 이상만 분양해주는 경우가 많다. 만약 공장1의 월세가 150만 원이고 공장2가 월세 100만 원이라면 2개 호실을 임대하면서 300만 원의 월세를 받을 수 있다.

필자는 웬만하면 분할이나 합병을 하지 않아도 되는 호실을 선택하는 게 좋다고 생각한다. 분할했을 경우 나중에 매도할 때 매수자가 대출에 어려움을 토로할 수 있다. 매수자가 실사용자라면 모든 호실은 명도 후 입주해야 하는데 그에 따른 불편함이 생길 수 있다. 합병도 마찬가지다. 한 호실만 매도할 때 중간에 칸막이가 없어진다면 나중에 은행에서 대출할 때 두 호실이 개방되어 있을 경우 대출이 어려워진다. 그리고 한 호실만 명도하는 것도 어렵다. 만약 매도할 경우에는 한꺼번에 매도하거나 한꺼번에 임대를 내놓아야 편리하다.

## 산업단지인지 개별입지인지 알아보는 방법

지식산업센터는 산업단지인지, 개별입지인지 확인해봐야 한다. 산업단지에 위치해 있을 때는 매입 후 바로 임대사업을 할 수 없기 때문이다. 그래서 산업단지에 위치한 곳보다는 개별입지에 있는 지식산업센터가 분양가격도 높고 인기가 많다. 분양을 받아 임대사업하려면 꼭 확인해봐야 한다. 물론 산업단지에 지식산업센터로 임대업을 할 수 없는 것은 아니다. 따로 자세히 설명하겠지만 특별한 경우만 가능하기 때문에 조금 까다롭다. 어찌 보면 이런 점을 해결할 때 임대수익이 높아질 수 있다. 그러나 일반적으로 사람들은 까다로운 것을 피하는 경향이 있다. 다만 필자는 까다로운 곳을 좋아한다. 까다롭다는 것은 대부분 피한다는 것이고, 그런 리스크를 해결하면 기회가 되기 때문이다.

먼저 분양하는 지식산업센터의 주소를 알아낸다. '토지이용규제정보서비스'에 접속한다. 최근에 '토지이용규제서비스'는 '토지e음'(http://www.eum.go.kr) 사이트로 통합됐다.

토지e음 홈페이지

　　최근에 분양한 가산 아스크포럼의 주소는 '서울특별시 금천구 가산동 60-9'이다. 주소를 입력해서 조회해보면 다른 법령 등에 따른 지역, 지구 등에 '국가산업단지(2012-07-05)산업입지 및 개발에 관한 법률'이라고 적혀 있다. 산업단지에는 국가산업단지(2개 이상의 특별시, 광역시, 도에 걸치는 지역, 국가기간산업, 첨단과학기술산업 육성, 낙후지역의 개발촉진)와 일반 산업단지(산업의 지방분산 및 지역 경제 활성화), 도시첨단 산업단지(지식산업, 문화산업 등 첨단산업 육성), 농공단지(농어촌 지역의 소득증대를 위한 산업 유치) 등이 있다.

출처 : 토지e음

　　개별입지인 경우를 살펴보겠다. 이번에 분양하는 현대프리미
어캠퍼스 지축역 주소는 '경기도 고양시 덕양구 동산동 380'이다.
토지이용계획열람을 해보면 다른 법령 등에 따른 지역, 지구 등에
산업단지라는 표시가 없다. 이런 경우에는 개별입지로 매입 후 바
로 임대가 가능하다. 분양대행사나 부동산 중개사무소의 말만 믿
고 샀다가 낭패보는 경우가 있으니 꼭 스스로 확인하는 습관을 가
져야 한다.

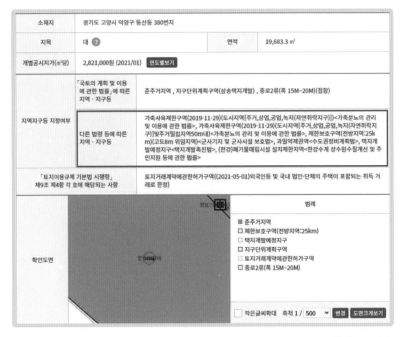

| 소재지 | 경기도 고양시 덕양구 동산동 380번지 | | |
|---|---|---|---|
| 지목 | 대 ❓ | 면적 | 19,683.3 ㎡ |
| 개별공시지가(㎡당) | 2,821,000원 (2021/01) 연도별보기 | | |
| 지역지구등 지정여부 | 「국토의 계획 및 이용에 관한 법률」에 따른 지역·지구등 | 준주거지역 , 지구단위계획구역(삼송택지개발) , 중로2류(폭 15M~20M)(접합) | |
| | 다른 법령 등에 따른 지역·지구등 | 가축사육제한구역(2019-11-29)(도시지역[주거,상업,공업,녹지(자연취락지구)])<가축분뇨의 관리 및 이용에 관한 법률>, 가축사육제한구역(2019-11-29)(도시지역[주거,상업,공업,녹지(자연취락지구)])및주거밀집지역50m내)<가축분뇨의 관리 및 이용에 관한 법률>, 제한보호구역(전방지역:25km)(고도8m 위임지역)<군사기지 및 군사시설 보호법>, 과밀억제권역<수도권정비계획법>, 택지개발예정지구<택지개발촉진법>, (한강)폐기물매립시설 설치제한지역<한강수계 상수원수질개선 및 주민지원 등에 관한 법률> | |
| 「토지이용규제 기본법 시행령」 제9조 제4항 각 호에 해당되는 사항 | 토지거래계약에관한허가구역((2021-05-01)외국인등 및 국내 법인·단체의 주택이 포함되는 취득 거래로 한정) | | |
| 확인도면 | | 범례<br>■ 준주거지역<br>□ 제한보호구역(전방지역:25km)<br>□ 택지개발예정지구<br>□ 지구단위계획구역<br>□ 토지거래계약에관한허가구역<br>□ 중로2류(폭 15M~20M)<br><br>□ 작은글씨확대  축척 1 / 500 ▾  변경  도면크게보기 | |

출처 : 토지e음

# Part 05

# 지식산업센터,
# 이곳에 투자하라

# 지식산업센터의
# 현주소

전국 지식산업센터 등록 현황을 보면, 2020년 7월 기준 경기도가 519개로 제일 많다. 서울은 363개, 경상도는 125개, 인천 74개, 전라도 50개, 충청도 40개다. 전국 1,463개의 지식산업센터 중 수도권이 1,229개로 경기 44%, 서울 30%, 인천 6%를 합쳐 전체의 84%를 차지한다. 전국 지식산업센터의 대부분이 수도권에 위치해 있는 셈이다. 그러므로 지식산업센터를 공부하는 것은 어렵지 않다. 이곳저곳을 볼 필요가 없고 수도권만 보면 된다. 아파트 공부량의 10% 정도일 것이다.

또 이 책을 다 읽었다면 공부는 다 한 것이나 마찬가지다. 이제 지역별로 손품과 발품을 팔고 임장을 다니면 된다. 부동산 투자는 물건을 사는 게 아니고 시기를 사는 거라고 필자는 강의에서 강조한다. 지식산업센터도 부동산이다. 부동산 투자는 타이밍이다. 어느 시기에 어떤 부동산을 시의적절하게 매입하느냐가 관건인 것이다.

가끔 개집도 오르는 시기가 있다고 과장되게 표현한다. 요즘 지식산업센터는 그런 시장이다. 그렇다고 개집을 사면 안 된다. 오르는 곳과 오르지 않는 곳은 존재한다. 오르는 곳, 그중에서도 많이 오를 지식산업센터를 가려내야 한다. 사자마자 프리미엄이 붙는 분양권이 있는가 하면, 시간이 지나야 프리미엄이 오르는 분양권, 그리고 입주가 끝나야 오르는 분양권도 있다. 그것을 이제부터 설명하려고 한다.

전국 지식산업센터 등록 현황(2020년 7월 기준)　　　　단위 : 개소

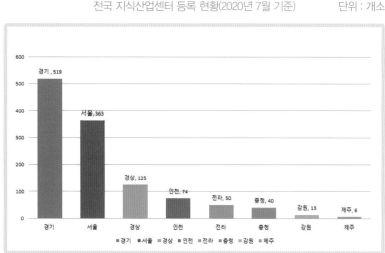

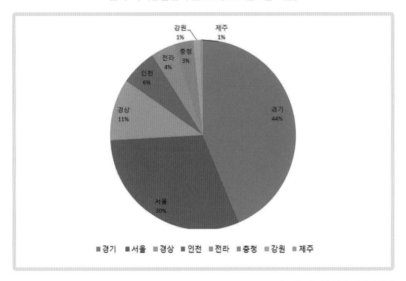

전국 지식산업센터 분포도(2020년 7월 기준)

자료출처 : 산업단지관리공단

지식산업단지는 서울에서도 특정 지역에 89%가 집중되어 있다. 서울 25개 구 중에서 금천구, 구로구, 강서구, 성동구, 영등포구 5개구에 몰려 있다. 금천구가 145개로 압도적으로 많다. 다음은 성동구 81개, 구로구 49개, 영등포구 28개, 강서구 19개, 송파구 17개 순이다.

## 서울 지식산업센터 등록 현황(2020년 7월 기준)　　　단위 : 개소

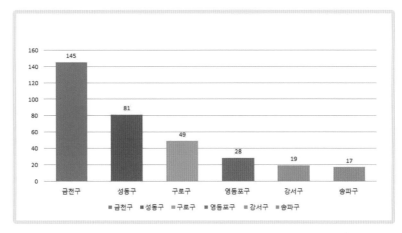

자료출처 : 산업단지관리공단

## KB금융지주, 지식산업센터 산업별 건축 승인 추이

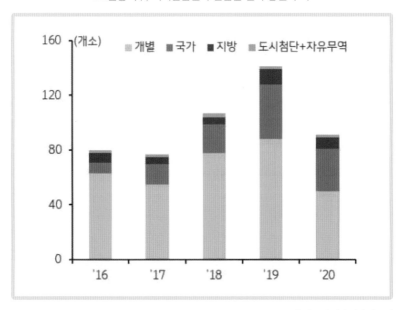

출처 : 산업단지관리공단

2016년에는 개별 지식산업센터 건축 승인이 77.8%로 대부분이었으나 이후 2017년 71.4%, 2018년 72.9%, 2019년 62.4%, 2020년 54.9%로 점점 줄어들고 국가에서 주도하는 지식산업센터가 늘어나고 있는 상황이다. 이유는 분양 시장이 살아나지 않아서다. 최근 주택 시장의 규제로 인해 지식산업센터 분양이 인기를 끌면서 2021년 분양이 많이 늘어나고 있다.

KB금융지주, 수도권 지식산업센터의 분양 물량 추이

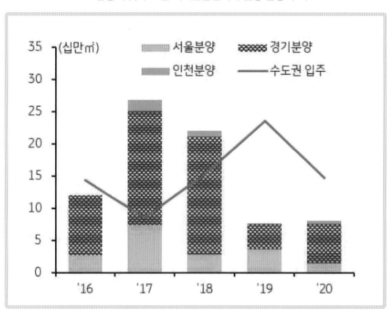

출처 : 부동산114

수도권 지식산업센터 분양 물량은 2017년에서 2018년까지 2년간 급등했다. 미분양이 늘어나면서 2019년은 2018년 대비

34.4% 수준으로 급감했다. 이후 2020년에도 분양 물량이 적어진 상황이다. 2017년 경기권 분양 물량은 전년동기 대비 1.9배, 서울권은 2.7배 늘어났다. 인천권도 신규 물량이 등장하며 2배 이상 늘어났다. 그러나 2018년부터 급진적으로 줄어들었다. 지식산업센터도 아파트와 같이 분양 후 1~2년이 걸리므로 급하게 물량을 늘릴 수 있는 상황은 아니다. 최근 지식산업센터에 입주할 수 있는 업종이 점점 늘어나고 있다. 수요자가 늘어나고 있는 상황에 물량이 부족해질 확률이 높다.

앞서 설명했듯이 최근 정부의 급진적인 주택 규제정책으로 주택 투자자들이 2021년에 지식산업센터로 움직였다. 분양이 완판되고, 거래량이 증가하는 시장이 됐다.

지식산업센터의 장점은 기타 상업용 부동산과 달리 건축이 가능한 용도지역이 다양하다는 것이다. 또 집합건축물로 건축할 수 있다는 장점이 있다. 사업자 입장에서 여러모로 유리하다.

건축물 분류상 지식산업센터는 일반 공장 대비 다양한 용도지역 내 건축이 가능하다. 관계법령상 원칙적으로 제1, 2, 3종 일반주거지역, 준주거지역, 일반상업지역, 그린상업지역, 전용공업지역, 일반공업지역, 준공업지역, 계획관리지역 내 지식산업센터를 건축 가능하며 지방자치단체의 도시·군 계획조례 및 지구단위계획에 따라 그 외 용도지역에서도 건설이 가능하다. 수도권 과밀억제지역 내에서도 예외적으로 신설, 증설, 이전이 가능하다. 전반적인 토지는 거의 가능하다고 보면 된다. 과거 이명박 정부 때 부동산 경기가 좋지 않을 때, 중소기업을 활성화하기 위해 규제를 완화해 주었기 때문이다.

1개 회사 및 개인 단독 소유가 대부분인 오피스빌딩과 달리 지식산업센터는 집합건물로 건축되어 호실별 소유주가 다르다. 소규모 사업자가 부담 없이 사옥매입이 가능하다는 것이다. 오피스빌딩은 대부분 단일 소유로 규모가 커서 개인 간 거래가 어렵다. 그래서 간접 투자 위주의 투자가 가능하지만, 지식산업센터는 호실별 구분 소유가 가능하므로 직접 투자가 가능하다는 것이 장점이다.

# 성수동 지식산업센터 :
# 강남으로 통한다

서울 성동구 성수동은 지식산업센터의 강남으로 불린다. 입지는 강북이지만 성수대교, 영동대교, 청담대교를 지나 강남과 인접한 지식산업센터가 몰려 있는 곳이어서 붙여진 별명이다. 그만큼 위치가 좋다는 것이다. 수인분당선, 2호선, 7호선 지하철이 지나고 건대입구역, 성수역, 뚝섬역, 서울숲역 등이 인근에 있다.

성수동은 정자 성덕정의 '성'과 뚝도수원지의 '수'를 따서 성수동이 되었다고 한다. 갤러리아 포레와 성수동 트리마제, 아크로 서울포레스트와 같은 초고가 아파트들이 들어서고 연예인이 많이 살면서 신흥 부촌으로 떠올랐다. 제2의 강남으로 불린다.

성수동은 1960년대에 자연발생적으로 형성됐다. 모나미 공장이 마포에서 이전해오면서 성장했다. 1980년대 이후 사업공동화가 진행되면서 영세기업의 주공(住工) 혼재 공간으로 변모했다. 국내 최대의 수제화 산업집적단지로 생산업체가 약 400여 개, 중간가공 및 원부자재 유통업체가 약 100여 곳이 밀집해 있었다.

성수동 메가박스 사옥과 이마트 사옥

성수 뚝섬역 일대 개발 현황을 보면 준공업지역이 대부분을 차지한다. 성수동 준공업지역을 중심으로 여러 가지 개발이 계획돼 미래가치가 상당히 있는 곳으로 각광받고 있다. 성수동의 오래된 공장들은 카페로 변신하면서 유명세를 얻고 있다. 이 중에서 대림

창고가 대표적이다. 할아버지 공장, 블루보틀 성수카페도 있다. 요즘 크게 성장하는 쿠팡의 사옥이 있으며, 이마트와 메가박스도 성수동에 사옥을 두고 있다. 서울 강남구 삼성동에 사옥이 있던 SM 엔터테인먼트가 이곳으로 이전하기로 하면서 다른 엔터테인먼트 회사들도 성수동을 주목하고 있다.

성수동 메가박스 사옥과 이마트 사옥

출처 : 사옥 홍보자료

최근에 분양한 단지를 보면 2019년 입주한 서울숲 AK밸리 7,753평, 2020년 입주한 성수동 생각공장 데시앙플렉스 21,274평, 성수 SKV1센터1 16,905평, 성수 SKV1센터2 4,815평, 서울숲 동진IT타워 4,611평, 성수 AK밸리 6,721평, 성수 더스페이스타워 5,290평, 2021년 성수 에이원타워 4,620평이 있다. 2022년 서울숲 에이원센터 11,004평이 입주할 예정이다.

성수동의 대표 지식산업센터는 성수동 생각공장이다. 더불어 성수 SKV1센터1, 성수 SKV1센터2가 함께 지어지면서 '성수동 생각공장 데시앙플렉스'라고 불린다. 지하철 역세권은 아니지만, 대규모의 지식산업센터로 SK D&D의 생각공장이라는 브랜드를 알리는 기회가 됐다.

일반 지식산업센터는 획일화된 구조의 밋밋한 외관이 대부분이지만, 성수 생각공장 데시앙플렉스는 주변 상권과 입지 환경, 프리미엄급 디자인들이 눈길을 끈다. 고층부는 하이테크한 유리와 루버(Louver, 폭이 좁은 판을 비스듬히 일정 간격을 두고 수평으로 배열한 것으로 채광 조절과 통풍 등의 목적으로 사용됨)로, 저층부는 자연스럽고 거친 벽돌을 이용해 옛것과 새것의 조화를 그린 입면으로 시간의 연속성을 연상케 했다. 또한 열린 공간으로 누구나 잠시 들를 수 있는 휴식을 선물한다.

성수동 생각공장

출처 : 성수동 생각공장 홍보자료

대기업 사옥 못지 않게 내부가 고급스럽다. 마치 호텔 로비 같은 고층 로비와 저층 입면은 새로운 지식산업센터의 길을 만들어 준 것 같다. 현재 성수동 지식산업센터를 분양받는 것은 하늘의 별 따기보다 어렵다고 할 정도다. 실사용자라면 절대 임대해서 들어가지 말고 매입하길 권한다. 혹시 여유가 있는 투자자라면 대장인 성수동 지식산업센터를 매입해서 오랫동안 보유하면 강남 아파트가 부럽지 않을 것이다. 지식산업센터 투자를 고려한다면 꼭 방문해봐야 할 곳이다.

성수동 생각공장 조감도

출처 : 성수동 생각공장 홍보자료

성수동 지식산업센터 현황

성수동 주요 지식산업센터 현황

출처 : 리얼캐스트

# 문정동 지식산업센터 :
# 최고의 입지

　문정동 지식산업센터는 문정도시개발구역이 지정돼 법조단지를 개발한 것을 시작으로 여러 개의 지식산업센터가 지어지게 됐다. 강남 3구 내에서 유일하게 들어서는 지식산업센터인 만큼 규모는 크지 않으나 집중적으로 모여 있다. 강남 접근성이 좋고 수서역 SRT와 가까워 성수동 지식산업센터와 가치를 견줄 만한 곳이다.

　처음에는 분양에 고전했지만 부동산 경기가 좋아지고 입주가 완료되면서 가격이 폭등하기 시작했다. 문정도시개발구역은 동부지방법원과 동부지방검찰청, 구치소, 보호관찰소, 잠실세무서, 송파구청, 경찰기동대, 법원기록원 등 여러 공공기관이 들어선 법조단지다. 현대차그룹계열사인 현대건설과 현대엔지니어링에서 대부분의 지식산업센터를 공급했다. 그러다 보니 문정지구는 거의 현대타운이라는 느낌이다.

문정지구 조감도

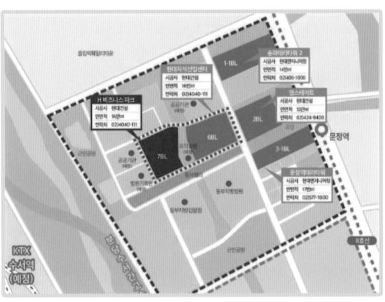

출처 : 매일경제신문(원출처 : 현대건설)

지식산업센터는 총 5곳이다. 현대엔지니어링에서 짓는 문정역
테라타워는 연면적 17만㎡로 최대 규모다. 현대건설에서 짓는 현
대지식산업센터와 H비즈니스파크는 모두 16만㎡로 두 번째로 크
다. 엠스테이트는 연면적 15만㎡, 송파테라타워2는 14만㎡다. 문
정지구의 59.2%를 현대차그룹 계열사들이 짓고 있는 셈이다. 그
외 유탑건설과 대명건설 등 중소건설사들이 일부를 건설했다. 문
정지식산업센터가 막 분양을 시작한 2015년에는 분양가가 평당
800만 원대였는데도 미분양이었다. 그러나 필자가 임장갔을 때는

분양가의 2배가 넘는 평당 2,300만 원을 호가했다. 2021년 9월에는 평당 3,000만 원까지 상승했다.

2015년도 문정지구 분양가격

| 위치 | 지식산업센터 | 시공사 | 3.3m²당 분양가 |
|------|------------|--------|---------------|
| 6블록 | 현대지식산업센터 | 현대건설 | 893만 원 |
| 3-1블록 | 문정역테라타워 | 현대엔지니어링 | 891만 원 |
| 4-3블록 | 문정역 대명벨리온 | 대명건설 | 880만 원 |
| 7블록 | H비즈니스파크 | 현대건설 | 870만 원 |

자료 출처 : 업계 취합

문정지구 지식산업센터 조감도

출처 : 문정지구 지식산업센터 분양 홈페이지

| 지식산업센터명 | 주소 | 용지 면적 | 건축 면적 |
|---|---|---|---|
| PNS홈즈타워 | 문정동 639-3번지(문정도시개발구역 10-2블럭) | 1,332 | 11,298 |
| KG TOWER | 문정동 639번지 | 1,513 | 14,017 |
| 한스빌딩 | 문정동 640-3번지 외 1필지 | 1,960 | 17,560 |
| 수성 위너스 | 문정동 640-7번지(문정지구 5-6BL) | 1,095 | 10,618 |
| 문정지구 5-7BL 지식산업센터 | 문정동 640-8번지 | 1,121 | 9,994 |
| 케이디유타워 | 문정동 640번지(문정지구 5-1 BL) | 1,033 | 8,904 |
| 문정 대명벨리온 | 문정동 641-4번지 | 6,500 | 58,861 |
| 엠스테이트 | 문정동 643-1번지(문정지구 특별계획구역2) | 5,078 | 49,172 |
| 문정 현대지식산업센터 I-2 | 문정동 644-2번지 (문정 특별계획구역 6-2BL) 외 1필지 | 8,620 | 80,629 |
| 문정 현대지식산업센터 I-1 | 문정동 644번지(문정 특별계획구역 6-1BL) 외 1필지 | 9,045 | 84,383 |
| 에이치비지니스파크 | 문정동 645-2번지(7-2BL) | 8,917 | 82,422 |
| 에이치비지니스파크 | 문정동 645번지(7-1BL) | 8,801 | 81,749 |
| 송파유탑테크밸리 | 문정동 651-14번지(문정도시개발구역 3-12BL) | 1,580 | 14,336 |

출처 : 팩토리온

# 영등포 지식산업센터 :
# 떠오르는 해

요즘 영등포 지식산업센터를 분양받기는 하늘의 별 따기다. 오히려 하늘의 별을 따는 게 더 쉬울지도 모른다. 필자가 지식산업센터 임장을 처음 간 곳도 영등포였다. 친구가 근무하는 당산 SKV1도 가보고, 여러 군데 지식산업센터를 접했다. 지인은 문래 SKV1을 매입해 지금 상당한 수익을 내고 있다. 지금 영등포구 지식산업센터 대장주는 당산 SKV1이다. 그러나 차후 생각공장 당산이나 이화산업 부지에 지식산업센터가 들어선다면 대장주가 바뀔 가능성이 높다.

영등포 지식산업센터 현황

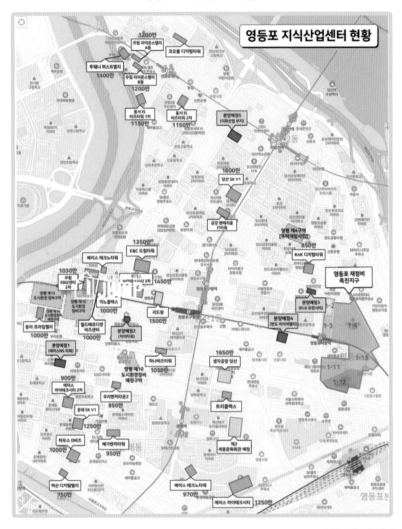

출처 : 점프컴퍼니

많은 사람들은 영등포 지식산업센터처럼 위치가 좋은 지식산업센터를 매입하려고 기다리는 경향이 있다. 예전에 필자도 많은 사람들이 선망하는 대구의 아파트 분양권을 받기 위해 수많은 청약을 했다. 지금 투자를 시작한 지 10년이 넘었지만 한 번도 당첨된 적이 없다. 투자자들 사이에는 이런 어록이 있다. '청무피사'. 이건 줄임말인데 '청약은 무슨, 피 주고 사'다. 로또를 사는 것처럼 청약이 당첨되기를 기다리는 것보다 프리미엄을 주고 사는 게 빠르다는 것이다. 당첨되기를 바라는 동안 프리미엄은 몇백만 원에서 몇천만 원으로 뛴다. 몇천만 원에서 몇억 원으로 뛰기도 한다. 미리 시간을 사서 투자하는 게 더 좋은 투자다.

지식산업센터도 마찬가지다. 분양가격이 점점 올라가고, 프리미엄이 올라가는데, 좋은 곳에 청약하겠다고 무작정 기다리는 사람이 있다. 하지만 생각해보라. 만약 차후 좋은 곳에 청약을 해서 당첨되면 미리 사놓은 지식산업센터를 처분해서 계약금이나 잔금을 치르면 된다. 오늘 투자를 미루면 안 되고, 자금을 놀리면 안 된다는 뜻이다.

최근에 분양한 지식산업센터는 생각공장 당산, 에이스NS타워, 자이타워, 리드원, 반도 아이비밸리, KLK 유원시티 등이 있다. 양평동 GM 부지와 이화산업 부지가 평당 분양가가 2,000만 원 정도로 예정돼 있다. 이화산업 부지는 인근 아파트와의 조망권 및 일조권 소송으로 인해 분양이 미뤄지고 있는 상황이다.

앞으로 영등포 재개발로 인해 준공업지역에 아파트를 지을 때
는 지식산업센터를 의무적으로 분양해야 한다고 한다. 만약 지식
산업센터와 아파트를 한꺼번에 분양받기를 원한다면 재개발지역
의 물건을 미리 매입하는 방식도 좋은 방법이다.

양평14구역 정비계획결정도

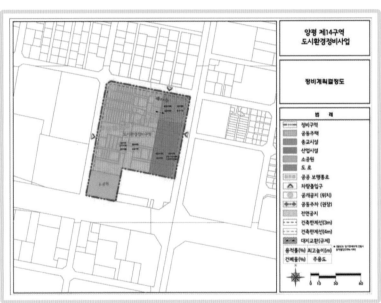

출처 : 양평14구역 조합

| 지식산업센터명 | 주소 | 용지<br>면적 | 건축<br>면적 |
|---|---|---|---|
| 에이스테크노타워 | 선유로33길 15(양평동3가) | 1,730 | 9,252 |
| 에이스테크노타워 | 당산로2길 12(문래동3가) | 5,356 | 19,981 |
| 양평동우림이비지센타 | 양산로 43(양평동3가) | 7,545 | 43,430 |
| 우리벤처타운2 | 선유로70(문래동3가) | 5,234 | 30,008 |
| 센터플러스 | 경인로82길3-4(문래동1가) | 7,531 | 40,778 |
| 문래동빅토리테크노타워 | 선유서로 17(문래동5가) | 766 | 3,144 |
| 메가벤처타워 | 문래로20길60(문래동3가) | 2,639 | 11,513 |
| 이앤씨드림타워 | 선유로 146(양평동3가) | 7,926 | 36,615 |
| 월드메르디앙비즈센터 | 양산로 53(양평동3가) | 4,596 | 26,312 |
| 에이스하이테크시티 | 경인로 775(문래동3가) | 30,073 | 146,584 |
| 선유도우림라이온스밸리A | 양평로 149(양평동5가) | 2,647 | 15,316 |
| 선유도우림라이온스밸리B | 양평로21가길19(양평동5가) | 3,006 | 14,806 |
| 금강펜테리움IT타워 | 당산로 171(당산동4가) | 2,435 | 15,749 |
| 벽산디지털밸리 | 경인로71길 70(문래동5가) | 3,785 | 24,204 |
| 양평동이노플렉스 | 양산로57-5(양평동3가) | 2,823 | 18,278 |
| 동아프라임밸리 | 영등포로5길19(양평동2가) | 3,676 | 22,601 |
| 선유도코오롱디지털타워 | 양평로22길21(양평동5가) | 4,640 | 37,333 |
| 솔버스 비즈타워 | 선유서로31길3(양평동3가) | 753 | 4,062 |
| KnK디지털타워 | 영신로 220(영등포동8가) | 10,210 | 63,537 |
| 선유도역1차 아이에스비즈<br>타워 | 양평로21길 26(양평동5가) | 5,483 | 37,787 |
| 에이스하이테크시티 2 | 선유로13길 25(문래동6가) | 8,042 | 59,495 |
| 선유도역2차<br>아이에스비즈타워 | 선유로49길 23(양평동4가) | 5,878 | 41,139 |
| SKV1센터 | 당산로41길 11(당산동4가) | 12,811 | 89,763 |
| 문래동 하우스디비즈 | 선유로3길 10(문래동5가 10) | 5,537 | 33,659 |

| 지식산업센터명 | 주소 | 용지 면적 | 건축 면적 |
|---|---|---|---|
| 트리플렉스 | 문래동3가 46 | 2,946 | 18,570 |
| 세종앤 까뮤스퀘어 | 양평동6가 4-2 | 2,715 | 18,345 |
| 문래 SKV1센터 | 문래동6가 19 | 7,542 | 47,031 |
| 에이스하이테크시티3 | 양평동3가 5-4 외 3 | 5,176 | 32,481 |
| 선유도역 투웨니 퍼스트밸리1차 | 양평동5가 43 외 4 | 3,443 | 20,935 |
| URBAN322 | 양평동5가 41-1 | 3,841 | 23,934 |
| 선유도역 투웨니 퍼스트밸리2차 | 양평동6가 94 | 1,927 | 15,528 |
| 당산동3가 50번지 | 당산동3가 50번지 | 4,011 | 29,382 |
| 당산동1가 12외 1필지 | 당산동1가 12외 1필지 | 12,875 | 71,027 |
| 영등포동6가 145 | 영등포동6가 145 | 6,317 | 39,052 |

# 강서구 지식산업센터 :
# 숨은 진주

성수동과 문정동, 그리고 영등포구에 비해서 아직 강서구는 투자자들 사이에서 저평가된 곳이다. 아직 분양받을 수 있는 기회가 있다는 것이다. 실제로 필자가 강의할 때 추천해서 매입한 사람들이 많이 있다. 분양을 받고, 전매를 해서, 프리미엄을 받은 수강생도 있다. 또 임대사업으로 가져가기 위해서 코너 2칸을 새로 분양받은 수강생도 있다. 분양받기 어려운 성수동, 영등포구만 기대하지 않고, 아직 저평가되어 있는 강서구를 공략했기 때문에 성공한 것이다.

한 지인은 2019년 마곡단지에 오피스가 너무 많이 지어진 상황에서 더리브골드퍼스트를 무피로 사서 입주했다. 당시 분양가격이 평당 800만 원대였는데, 지금은 1,300만 원으로 상승했다. 평당 500만 원이 오른 셈이다. 약 60여 평이니, 매매가격으로 보면 3억 원이나 올랐다. 2년 6개월 동안 사무실로 사용하고 매매차익을 봤으니 공짜로 사용도 하고 수익도 올린 셈이다.

강서구 지식산업센터 위치도

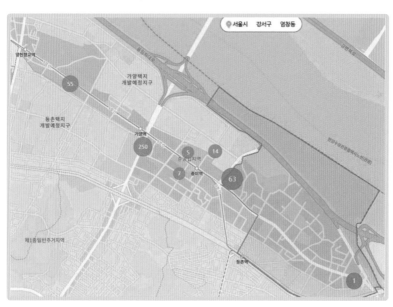

출처 : 네이버

강서구 가양동에는 마곡단지 가까이에 10만㎡ 규모로 CJ제일제당 물류창고가 개발된다. 연면적 80만㎡ 정도에 지식산업센터와 판매시설, 문화 및 집회시설 등이 들어설 계획이다. 인창개발이 시행하고 현대건설이 지하 7층에서 지상 14층, 사업비 3조 원을 투입해서 삼성동 코엑스의 1.7배 규모로 개발한다. 상업시설은 신세계에서 위탁운영하는 방식으로 현대프리미어캠퍼스로 시행하기로 했다.

4.7만㎡인 삼성동 코엑스의 2배가 넘는 규모로 이미 제2의 코엑스라 불리며 인기가 치솟았다. 개발 소식이 전해지자 인근 아파트 가격이 폭등하기도 했다. 이곳 지식산업센터는 처음에는 평당 2,000만 원을 호가할 것이라는 이야기가 나왔다. 그러나 분양시기가 2022년이 넘어설 것으로 예측되며, 분양가격은 최소한 2,500만 원은 상회할 것으로 보인다. 그런 측면에서 필자는 그 인근 지식산업센터를 매입할 경우, 분양가격이 올라가면서 인근 지식산업센터 가격 상승에도 영향을 미칠 것으로 예상한다.

CJ공장 부지 조감도

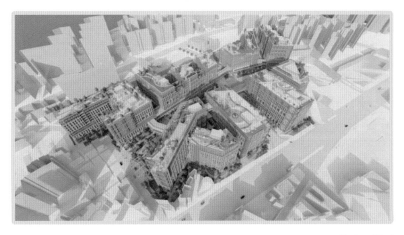

출처 : 서울시

# 금천구, 구로구 지식산업센터 :
# 최대의 성지

2020년 기준 구로구와 금천구의 지식산업센터를 합치면 194개다. 나머지 구를 모두 합친 145개보다 많다. 그만큼 금천구, 구로구를 빼면 지식산업센터를 이야기할 수 없을 정도다. 그러나 금천구와 구로구는 국가산업단지다. 서울디지털산업1단지는 금천구, 서울디지털산업2단지와 서울디지털산업3단지는 구로구다.

앞서 설명했지만 금천구는 가산동에 있어 가산디지털단지라 부르고, 구로구는 구로동에 있어 구로디지털산업단지라 부른다. 옛날에는 구로공단이라 불렸지만, 지금은 G밸리 혹은 구디, 가디로 줄여서 부른다. 서울과 인천 일대 조성된 한국수출산업단지 중한 곳으로 논밭만 있던 곳에 1964년 의류공장 등 중소제조업 공장들을 많이 지었다. 2000년대 들어서면서 벤처기업이나 디지털 관련 IT기업, 애니메이션 제작자들이 자리를 채우고 있다.

지식산업센터의 가격은 1단지가 제일 비싸고, 2단지 그리고 3단지 순으로 비싸다. 1단지는 서울에서 차량으로 접근성이 좋다. 서울 지하철 2호선과 7호선이 지나가며 대림역과 구로디지털단지역이 있고 대부분 개발 완료된 상태다.

2단지는 가산디지털단지역을 통과하는 1호선 라인의 오른쪽으로 예전부터 의류봉제업이 발달한 곳이라서 의류도매업이 활발했다. 롯데아울렛, 마리오아울렛 등 의류쇼핑몰이 몰려 있는 단지고, 규모가 제일 작다.

3단지는 서울디지털산업단지에서 가장 큰 면적을 차지하고 있어 지식산업단지가 가장 많이 위치한 지역이다. 가산디지털단지의 랜드마크인 우림라이온스밸리가 여기 위치해 있다. 워낙 면적이 넓은 지역이고 지하철과 연결되어 있어 인기가 많은 곳이다. 아직 3단지에는 인쇄공장, 전자부품공장이 남아 있어 개발할 수 있는 토지가 많이 남아 있다. 3단지 남쪽 끝에는 독산역이 위치해 있다. 경부선 위를 지나는 수출의 다리와 광명시와 서부간선도로로 진입할 수 있는 철산대교가 심하게 정체를 일으켜 3단지로 넘어가려면 장시간이 걸리다 보니 차량 출퇴근이 굉장히 어려운 형편이다.

2020년 9월 기준 업종별 입주현황을 보면 1단지는 총 3,341개 중 2,205개가 비제조업이다. 2단지는 2,035개 중 1,150개가 비제조업이다. 3단지는 6,641개 중 3,753개가 비제조업이다. G밸리는 서울시 전체 면적의 0.3%에 불과하지만 고용인원이 약 15만 명에 달하는 대표적 일자리 중심지다. 금천구에 속한 지식산업센터 111개소와 약 8,600여 개의 입주업체가 몰려 있다.

업종별 입주 현황(2020년 9월 기준)

| 구분 | 제조 | | | | 비제조 | | 계 |
|---|---|---|---|---|---|---|---|
| | 전기전자 | 섬유의복 | 기계 | 기타제조 | 정보통신 | 기타 | |
| 1단지(구로) | 597 | 216 | 106 | 217 | 1,456 | 749 | 3,341 |
| 2단지(금천) | 366 | 206 | 130 | 183 | 669 | 481 | 2,035 |
| 3단지(금천) | 1,457 | 321 | 458 | 652 | 2,142 | 1,611 | 6,641 |
| 계 | 2,420 | 743 | 694 | 1,052 | 4,267 | 2,841 | 12,017 |

출처 : 한국산업공단

G밸리(서울디지털산업단지) 연혁

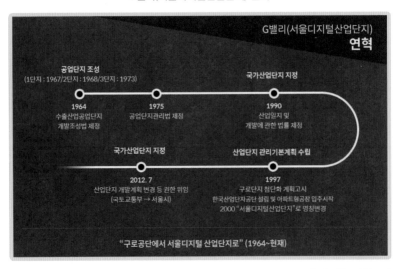

출처 : 한국산업공단

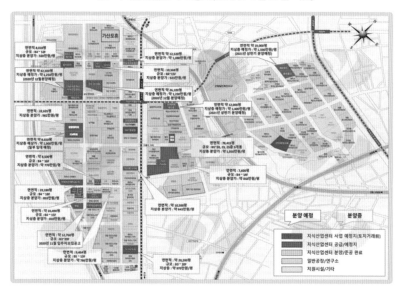

서울 디지털산업단지 현황도(2020년 11월 27일 기준)

출처 : 엘림개발

서울 디지털산업단지 현황도를 보면 녹색은 '지원시설/기타'
고, 하늘색은 '일반 공장/연구소'다. 분홍색은 '지식산업센터 분양/
준공 완료'된 지역이며, 빨간색은 '지식산업센터 공급/예정지'다.
파란색은 '지식산업센터 사업 예정지'로 표시되어 있다. 파란색의
일반 공장이 지식산업센터로 앞으로 개발될 곳이다.

1단지에 보면 일반 공장은 10여 개가 남아 있다. 지식산업센
터 공급/예정지로 해피랜드 부지가 얼마 전 평당 약 1,650만 원 정
도에 분양이 완료됐다. 앞으로 분양할 만민중앙교회 부지가 남아
있고, 바로 앞에 넷마블 사옥이 위치해 있다. 만민중앙교회 부지
는 대륭종합건설에서 1만 3,095㎡를 1,510억 원에 매입했다. 평당

3,800만 원 정도다. 준공업지역의 희소성이 점점 커져서 매매가격도 상승하고 있다. 지식산업센터 분양가는 더욱 비싸질 것이다.

2단지에서는 2020년 가산 퍼블릭을 분양했다. 연면적 약 78,000여 평으로 25층 규모, 3개동이다. 약 1,050만 원으로 분양했으나 미분양이었다. 그러나 곧 완판되면서 프리미엄이 붙기 시작했다. 서울디지털산업단지는 역에서 도보 5분 이내는 역세권이 아니다라는 인식이 팽배해 분양을 받으려 하지 않았다. 그러나 주택 규제가 심해지고 지식산업센터가 인기를 끌어 완판됐다. 필자도 멀다고 생각했으나, 역세권이 아니어도 대단지로 들어서면서 대장주가 된 성수동 생각공장에 다녀오고 나서는 생각이 바뀌어 입주할 예정으로 매입을 결정했다.

KS타워가 가산디지털역 3분 역세권으로 평당 1,650만 원이었다. 완판이 됐고 점점 가격이 오르고 있는 상황이다. 3단지에도 역세권이 아닌 좀 먼 곳에 위치한 토지가 남아 있으나 토지주인이 매도하지 않고 있다.

최근 세계물산 부지에 가산 아스크타워가 분양을 했다. 2단지에도 당분간은 분양을 할 것이 없다. 필자는 2단지에 롯데아울렛이 입주해 있는 SJ테크노빌을 매입했다. 책이 발간될 때쯤이면 입주해서 사업을 본격화할 생각이다. 슬하의 남매가 서울에 있는 대학교에 다니고 있고, 또한 다닐 예정이어서 미리 사업확장을 위해 서울 진출을 꿈꾸고 있다.

출처 : 분양 홍보자료

3단지를 보면 단지가 제일 큰 것을 알 수 있다. 그만큼 앞으로 지어질 토지가 많다는 것을 의미하며 분양하는 단지도 많다. 조심해야 할 것은 가격이 싸다고 무조건 매입하면 공실이 발생할 가능성이 크다는 것이다. 되도록 규모가 크고 역에서 가까운 곳에 분양받거나 매입하는 게 공실 발생을 줄이는 데 효과적이다.

2단지에는 국가산업단지가 아닌 지식산업센터가 있다. 대성디폴리스와 대륭테크노타운7차, 대륭테크노타운5차, 대륭테크노타운6차는 지식산업센터이면서 국가산업단지에 포함되지 않아 매입 후 바로 임대사업이 가능해 임대사업자들에게 인기가 많다. 3단지 S&T중공업 부지 2,025평을 평당 4,500여만 원에 인창개발이 매수해서 분양을 준비하고 있다. 금성출판사 부지는 대륭종합건설의 자회사 리앤리어드바이저스가 매수했다. 대륭테크노타운

22차로 평당 약 1,650만 원에 분양을 준비하고 있다. 규모가 크지 않은데도 분양가격은 높게 책정됐다. 인근 구축 지식산업센터의 가격 상승이 예상된다. 다시 설명하면 3단지는 접근성이 불편하고, 입주량도 많다. 지하철 접근성이 떨어져 임대가 힘들 수 있다는 것을 한 번 더 강조하겠다.

현대지식산업센터 가산 퍼블릭 조감도

출처 : 분양 홍보자료

# 판교 테크노밸리 :
# 한국의 실리콘밸리

판교 테크노밸리하면 가장 먼저 생각나는 게 네이버 사옥이다. 그리고 네오위즈, 넥슨, 안철수연구소, 웹진, 엔씨소프트, 다음카카오, 스마일게이트, 위메이드 등이 떠오른다. 판교신도시가 생기면서 IT기업 밀집지구가 생겼고, 개발법인 넥슨의 계열사 중앙판교개발이 시행했다. 판교 테크노밸리는 홍콩에서 시행한 아시아 최초의 IT도시 사이버포트를 본떠서 만들었다. 지식산업센터 위주의 개발을 해서 대만의 난강소프트웨어단지와도 비슷하다. 강남구와 바로 연결되는 신분당선이 계획되어 있어 유치경쟁에서 성공하게 됐다. 지금은 판교 제2테크노밸리의 판교창조경제밸리로 불리는 판교 제로시티를 만들고 있다. 판교 제3테크노밸리 조성도 계획 중이다. 판교 제3테크노밸리까지 개발된다면 명실상부한 벤처기업들이 들어서는, 우리나라 지식산업센터의 메카가 될 것이다. 그러나 판교 테크노밸리는 대기업 사옥들이 주로 입주해 있어 투자자로서는 그렇게 메리트 있는 단지는 아니다. 단지 최소한 한국의 실리콘밸리의 성지 판교 테크노밸리에 대해서는 알고 투자를 해야 하니 언급한 것이다. 실제로 벤처기업을 운영하고 있다면 입성하길 권한다. 필자 또한 제3테크노밸리 입성을 기원해본다.

판교 테크노밸리 개발 구상도

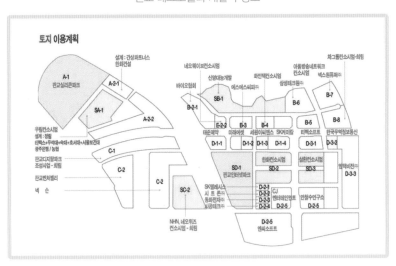

# 지식산업센터 공급이
# 확대된다

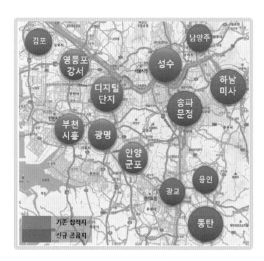

출처 : 분양 홍보물

지식산업센터가 다양한 지역으로 공급이 확대되고 있다. 서울 성수동, 구로동, 영등포구, 강서구, 송파구 문정동 외에도 부천, 시흥, 광명, 안양, 군포, 광교, 용인, 동탄, 하남미사, 남양주, 김포 등 경기도 지방으로 더 넓게 퍼져나가고 있다. 2기 신도시가 들어서면서 자족형 신도시 건설을 위해 도시지원시설용지에 지식산업센터를 건립하고 있다. 삼송지구, 지축지구, 다산신도시, 미사지구, 상일동 경동산업단지, 금정역세권, 별내지구, 구리갈매지구, 향동지구, 덕은지구, 군포시, 의왕시 등으로 확대되고 있는 상황이다.

그러나 앞서 말했듯이 서울 도심에서 밀려날수록 임대가 잘 안될 수 있다는 것을 명심하자. 특히 도심에서 떨어진 오피스형 지식산업센터를 분양하면서 지하철역이 생긴다고 강조하는 단지를 분양받으면 공실을 감수해야 한다. 완공 시에 지하철이 개통 안 되면 출퇴근이 어렵기 때문이다. 지하철 착공이 시작됐어도 완공 시에는 개통이 안 될 수도 있는데, 착공이 들어가지 않은 상황에서는 공실문제로 고생할 수 있다. 반면 3기 신도시가 들어서기로 예정된 인근 드라이브인 제조형공장인 경우는 투자할 만한 가치가 있다. 3기 신도시가 들어서면서 토지보상이 이뤄지는데, 그 소형창고업체들은 보상받은 돈으로 인근 토지를 사거나 아니면 지식산업센터를 매입해서 사업을 영위해야 한다. 실제로 현장에서는 드라이브인 제조형공장은 인기가 많아 분양받기 어렵다. 오피스형 지식산업센터는 미분양이 난다. 오피스형 지식산업센터를 팔기 위해 일명 초치기(입금순으로 분양을 하는 분양법)를 하기도 한다. 인기 있는 드라이브인형 제조지식산업센터는 상가를 매입하거나 오피스형을 분양받은 사람에게 배당하기도 한다.

출처 : 분양 홍보자료

향동은 아직 지하철이 시공되지 않았다. 드라이브인 제조형공장을 분양받아야 한다. 지축역 현대프리미어캠퍼스는 지축역에서 5분 거리 지식산업센터로 드라이브인 제조형공장도 좋고, 오피스형 지식산업센터를 분양받아도 좋다. 충분하게 프리미엄이 붙거나, 임대 시 괜찮은 수익률이 발생하리라 생각한다.

# 나눔부자의
# 추천 투자 비책

많은 분양대행업자와 투자자들이 기다리고 있는 지식산업센터
가 있다. 그러나 앞서 설명했듯이 무작정 기다리지 마라. 지금 분
양받을 수 있는 지식산업센터를 선택하라고 조언하고 싶다. 좋은
것을 기다리다 분양받지 못한다면 결국, 아무것도 매입하지 못하
는 상황이 발생할 수 있다. 만약 기다렸던 지식산업센터를 분양받
을 기회가 생긴다면 먼저 분양받은 지식산업센터를 처분하고 계약
하면 된다. 제때 처분하지 못하면 어떻게 하느냐고 반문하는 사람
이 많다. 하지만 염려하지 말자. 분양가격은 날로 올라갈 것이고,
지식산업센터는 환금성이 좋아서 가격이 문제이지 매도를 못할까
봐 걱정하지는 않아도 된다.

## [추천] 구로 생각공장

구로 생각공장 조감도

| 구 분 | "생각공장 구로" 사업개요 |
|---|---|
| 위 치 | 서울시 구로구 구로동 636-89 |
| 대지면적 | 16,027.0m² (4,848.17평) |
| 연 면 적 | 약 40,000평 |
| 규 모 | B4F~19F |

출처 : 구로 생각공장 홍보물

구로 생각공장은 구로구 구로동 636-89번지인 옛 CJ공장 부지에 건립된다. 1호선 구일역 주변 역세권 지식산업센터다. 구로 디지털단지, 가산디지털단지와도 가깝다. 대지 면적은 약 4,800여 평이며, 지하 4층, 지상 19층으로 계획됐다. 경인로와 서부간선도로, 남부순환도로 등 인근 주요 도심에 접근성이 좋고, 교통망이 우수하다. 교통체증이 심한 서부간선도로의 지하화로 교통 및 생활개선 여건이 기대되는 입지다. 역세권 입지로 목동, 영등포, 여의도 등 주요 업무시설 지역과 접근성도 뛰어나다. 2020년 상반기에 계획을 잡고 있으나 미뤄질 가능성이 높다.

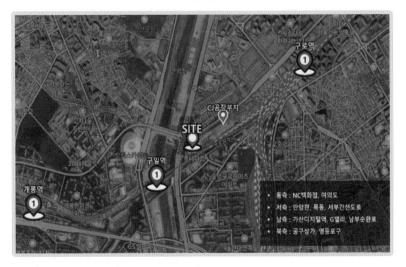

출처 : 구로 생각공장 홍보물

## [추천2] 군포 생각공장

군포 생각공장은 군포, 안양, 의왕지역 중 최초의 초역세권 입지다. 지상 29층까지 연면적 약 91,000평 매머드급 규모다. 군포뿐만 아니라 서남부지역 첨단산업의 중심축으로 발전할 가능성이 높다. 수도권 광역급행열차(GTX)역이 예정되어 있다. 사통팔달 연결된 교통 인프라에 수도권 광역도시 연결의 중심지 역할을 할 정도로 입지가 좋다.

군포역 2번 출구와 직접 연결되도록 설계되어 있으며, 시행은 SK D&D, 시공은 SK건설, 태영건설이 공동으로 한다. 성수동 생각공장 데시앙플렉스처럼 구로 생각공장과 함께 대장주가 될 가능성이 높다. 군포 생각공장은 2개 동으로, 합쳐서 600평 정도로 지어질 예정이다.

군포 생각공장 조감도

출처 : 군포 생각공장 홍보물

군포 생각공장 위치도

출처 : 군포 생각공장 홍보물

### [추천3] 가양동 CJ제일제당 부지

앞서 여러 번 설명했듯이 추천하는 것 중에 필자가 분양받고 싶은 곳 하나를 뽑으라면 이곳을 선택하겠다. 마곡단지와 연결되어 있고 상암디지털미디어시티와도 가깝다. 9호선이 지나가며 6호선이 홍대입구에서 원종역까지 공사 중이다.

가양동 CJ제일제당 부지

출처 : 땅집고

### [추천4] 영등포 이화산업 부지

이화산업 부지는 1950년 창립한 염료회사 이화산업의 공장부지다. 오랜 기간 방치되어 있다가 영흥개발이 450억 원에 매입했다. 당산역 2호선과 9호선 더블 역세권으로 영등포 대장주가 될 가능성이 높다. 당산 5가 9-4 부지 인근으로 지하 4층, 지상 20층, 4개동(지식산업센터 2동, 기숙사 2동)으로 건설될 예정이다. 연면적 25,000평으로 SK건설이 예정돼 SKV1 브랜드를 달 가능성이 높다.

앞서 설명했듯이 인근 아파트와 일조권 다툼으로 2021년 분양 예정이었지만 아마 2022년으로 늦춰질 가능성이 높다. 늦게 분양할수록 분양가격이 오를 테니 일부러 핑계를 대면서 분양을 늦추는 단지들도 많이 있다. 구로 생각공장과 군포 생각공장이 그럴 것이라 예상된다.

영등포 이화산업 부지

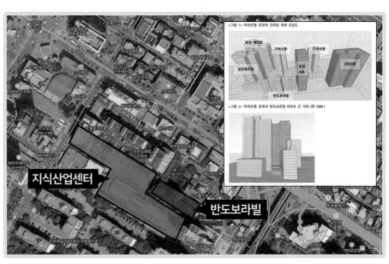

출처 : 땅집고

# 코로나로부터 해방되어 지식산업센터 아지트에서 만날 날을 기다리며

이렇게 《지식산업센터 투자의 정석》이 마무리되어 간다. 누구는 부동산 투자 수익을 불로소득이라고 말한다. 그렇게 말하는 사람이라면 부동산 투자를 안 해봤거나, 자신은 부동산 투자로 수익을 내면서 다른 사람은 부동산 투자 수익을 내지 말라고 말하는 '내로남불'의 경우일 것이다.

부동산 투자를 실행하기 위해서는 손해를 볼 수도 있는 리스크를 오로지 자신이 감당하면서 잠 못 이루고, 때로는 밤을 지새우는 날들이 많아야만 한다. 부동산 투자를 결정하기 위해 걱정하며 밤을 지새워봤는가? 투자해놓고 손해를 보면 어쩌나 안절부절하지 못하며, 밥도 못 먹고 물을 못 마시는 식음전폐를 경험해본 적이 있는가?

필자는 부동산 투자를 위해 20년이라는 긴 시간을 보냈고, 수많은 밤을 지새웠다. 대구와 수도권, 그리고 전국을 돌아다니며 쓴 교통비와 숙식비만 몇천만 원에 이를 정도다. 1달에 보름 이상 임장(부동산을 보러 현장에 다니는 일)을 다녔다.

세상에 공짜는 없다. '공짜라면 양잿물이라도 마신다'라는 속담이 있다. 공짜라면 독이 든 양잿물도 마다하지 않는, 공짜 좋아하는 사람을 비꼰 말이다. 공짜가 있다면 그 속에는 양잿물처럼 독이 들어 있다는 것을 명심해야 한다. 단연코 부동산 투자는 사업이라고 강조하고 싶다. 사업으로 낸 수익은 불로소득이 아니다. 부동산 투자 수익을 불로소득이라고 말하는 사람이 있다면 당장 그 사람하고는 인연을 끊는 편이 좋다고 말해주고 싶다.

경제, 정치, 문화, 사회, 심리 등 다방면의 모든 흐름을 알아야 부동산 투자의 흐름을 알 수 있다. 그래서 부동산 투자를 '종합예술'이라고 부른다. 부동산 투자를 말하면 주택(아파트) 투자만 생각하는 사람이 있다. 주택은 부동산 시장에서 10%도 차지하지 않는 작은 시장이다. 상가, 토지, 택지, 공장, 빌딩, 임야 등 전체 부동산 시장은 어마어마하다. 투자할 곳은 주택 말고도 많다.

이번에 책으로 펴낸 지식산업센터는 전체 부동산 시장 중 1%나 차지할까 싶은 작은 시장이다. 그러나 지금 시기에 제일 투자하기 좋은 시장이라고 생각한다. 그래서 선택과 집중을 했다. 지금은 지식산업센터다. 부동산 시장이 또 어떻게 변할지 모른다.

필자는 호기심이 많다. 그래서 투자해보지 않은 종목이 없다고 말할 수 있을 정도로 많은 종목에 실제로 투자를 해봤다. 두루 투자를 해봤기에 지금 부동산 시장에서는 지식산업센터가 제일 투자하기 좋은 시장이라고 말할 수 있는 것이다.

이 책이 나올 때쯤이면 필자는 가산디지털단지역 인근 역세권 지식산업센터에 입주해서 사업을 하고 있을 것이다. 어차피 지식산업센터에 관한 책도 내는데, 본격적으로 그 현장에 들어가서 사업을 해보려고 한다. 대구에서 수도권으로 진출하는 것이다. 기회가 되면 이 책을 읽은 독자 여러분과 지식산업센터 사무실에서 만나 모여 앉아 토론도 하고, 친목모임도 하고, 부동산 투자 공부도 하고, 사업도 함께 이야기하는 그런 시간을 가지고 싶다.

현재, 전 세계적으로 코로나19로 인해 대면모임을 자유롭게 하지 못하고 있다. 책이 나오는 시기가 되면 국민의 대부분이 백신 접종을 완료하고 '위드 코로나 시대'가 와서 마스크로부터 해방되었으면 좋겠다. 마스크 없이 대면모임도 마음대로 할 수 있는 자유로운 시기가 올 것으로 믿는다. 네이버 카페 나눔스쿨에 가입해서 모임 공지가 올라오면 만나러 오시라! 자유롭게 독자들과 만남의 기회를 가질 수 있었으면 좋겠다. 코로나19로부터 자유로운 생활을 희망해본다.

자유를 갈망하는 나눔부자 김형일

## [서식 1] 지식산업센터 등록대장 견본

[별지 제20호의2서식] 〈개정 2010. 7. 13〉　　　　　　　　　　　　　　　　(앞쪽)

| 등록번호 | | **지식산업센터 등록대장(갑)** |
|---|---|---|
| 등록일 | | |

| 회사<br>개요 | 회사명 | | | | (전화:　　　　　) | |
|---|---|---|---|---|---|---|
| | 대표자 성명 | | 생년월일<br>(법인등록번호) | | | |
| | 대표자 주소<br>(법인 소재지) | | | | | |

| 지식<br>산업<br>센터<br>개요 | 명칭 | | | | | | |
|---|---|---|---|---|---|---|---|
| | 소재지 | | | | | | |
| | 설립승인번호<br>(설립승인일) | | 완료신고일 | | | | |
| | 용도지역 | | 지목 | | | | |
| | 주요 유치업종<br>(분류번호) | | | | | | |

| 지식<br>산업<br>센터<br>개요 | 구분 | 부지<br>면적<br>(㎡) | 건축<br>면적<br>(㎡) | 층수 | 분양면적 | | | |
|---|---|---|---|---|---|---|---|---|
| | | | | | 공장시설<br>면적(㎡) | 기타산업시<br>설면적(㎡) | 지원시설<br>면적(㎡) | 공동시설<br>면적(㎡) |
| | 공장동 | | | | | | | |
| | 부대동 | | | | | | | |

| 관리<br>주체 | 명칭 | 대표자 성명 | 관리규약 신고일 | 비고(변경사유 및 변경일) |
|---|---|---|---|---|
| | | | | |
| | | | | |
| | | | | |
| | | | | |

| 등록<br>조건 | |
|---|---|
| | |

210mm×297mm(보존용지 1종, 70g/㎡)

## [서식 1] 지식산업센터 등록대장 견본

(뒤쪽)

| 회사명 | 대표자 성명 | 사용내용 | | | | | | | |
| | | 사용면적 | | 업종 | 가동 개시일 | 층/호 | 임대/ 분양 | 가동 상태 |
| | | 제조시설 면적(㎡) | 부대시설 면적(㎡) | | | | | |
| | | | | | | | | |
| | | | | | | | | |
| | | | | | | | | |
| | | | | | | | | |
| | | | | | | | | |
| | | | | | | | | |
| | | | | | | | | |
| | | | | | | | | |
| | | | | | | | | |
| | | | | | | | | |
| | | | | | | | | |
| | | | | | | | | |
| | | | | | | | | |
| | | | | | | | | |

## [서식 1] 지식산업센터 등록대장 견본

[별지 제20호의2서식] 〈개정 2010. 7. 13〉 (앞쪽)

| 등록번호 | | **지식산업센터 등록대장(갑)** | | | |
|---|---|---|---|---|---|
| 등록일 | | | | | |

| 회사 개요 | 회사명 | | | (전화: ) | |
|---|---|---|---|---|---|
| | 대표자 성명 | | 생년월일 (법인등록번호) | | |
| | 대표자 주소 (법인 소재지) | | | | |

| 지식 산업 센터 개요 | 제조시설 설치승인일 | | 완료신고 (등록)일 | | 가동 개시일 | |
|---|---|---|---|---|---|---|
| | 제조시설면적(㎡) | | 부대시설면적(㎡) | | 종업원 수 | 보유구분 |
| | | | | | 남: 여: | ☐ 자가 ☐ 임대 |
| | 업종(분류번호) | | | | | |

| 지식 산업 센터 개요 | 제조시설 설치승인일 | | 완료신고 (등록)일 | | 가동 개시일 | |
|---|---|---|---|---|---|---|
| | 제조시설면적(㎡) | | 부대시설면적(㎡) | | 종업원 수 | 보유구분 |
| | | | | | 남: 여: | ☐ 자가 ☐ 임대 |
| | 업종(분류번호) | | | | | |

| 지식 산업 센터 개요 | 주요생산품 | | | 주요원자재 | | |
|---|---|---|---|---|---|---|
| | 전력사용량(kW/일) | 용수사용량(t/일) | | 연료사용량 | | |
| | | 생활용수 | 공업용수 | 석유 (ℓ/일) | 가스 (㎡/일) | 기타 (t/일) |
| | | | | | | |

| 제조시설 내용 | | | |
|---|---|---|---|
| 제조시설명 | 수량 | 배출 여부 | |
| | | | |
| | | | |
| | | | |
| | | | |

210mm×297mm(보존용지 1종, 70g/㎡)

## [서식 2] 시설물 미사용 신고서 견본

| 시설물 미사용 신고서(오피스텔 주거용 신고 등) | | | | | | | |
|---|---|---|---|---|---|---|---|
| 신고인 | 성 명<br>(법 인 명) | | | 주민등록번호<br>(법인 번호) | | | |
| | 주 소 | | | 전화번호 | (유선번호)<br>(핸드폰) | | |
| 부과대상 | 시 설 명<br>(빌 딩 명) | | | 주용도 | | 연면적 | ㎡ |
| | 시 설 물 | | | | | | |

| 미사용 · 주거사용내용 | | | | | |
|---|---|---|---|---|---|
| 위치 및 면적 | | 용 도 | 기 간 | | 사 유 |
| 층/호 | 면적(㎡) | | | | |
| | | | 20 . . . ~ 20 . . . | | |
| | | | 20 . . . ~ 20 . . . | | |
| | | | 20 . . . ~ 20 . . . | | |
| | | | 20 . . . ~ 20 . . . | | |
| | | | 20 . . . ~ 20 . . . | | |

도시교통정비촉진법 시행령 제24조제1항, 제25조의2 및
동법 시행규칙 제5조의 규정에 의하여
위와 같이 시설물 미사용 신고서(오피스텔 주거용 신고 등)를 제출합니다.

20 년 월 일

신 고 인 :          (서명 또는 인)

해당 구청  귀하

◈ 구비서류 : 시설물 미사용 증빙자료
※ ①②③④ 중 택 1
※ 아래 자료 외에는 공실 입증이 인정되지 않습니다.
 ① 부동산임대공급가액명세서(세무사 직인 必)
 · 부가세 신고(국세청)시 첨부했던 서류임
 · 실적이 없으면 무실적으로 신고 후 발급
 ② 미사용 기간 동안 전기·수도 사용내역서
 ③ 관리비 부과내역서(관리사무소 직인 必)
 ④ 휴폐업사실증명원(세무서)

◈ 구비서류 : 주거용 신고 증빙자료
※ ①②③ 중 택 1
※ 객관적인 자료를 제출하셔야 교통유발부담금 감면 가능
① 전입확인자료(전입세대열람 또는 등본)
② 임대차계약서(계약서 상에 '주거용'이라 명시되어야 함.)
③ 해당 호수에 대한 임대주택사업자 등록증(주택과에서 등록)

| 수수료 |
|---|
| 없음 |

# 지식산업센터 입주 가능 업종

지식산업

| 중분류 | | 세분류 | |
|---|---|---|---|
| 3900 | 환경 정화 및 복원업 | 39001 | 토양 및 지하수 정화업 |
| | | 39009 | 기타 환경 정화 및 복원업 |
| 5811 | 서적 출판업 | 58111 | 교과서 및 학습 서적 출판업 |
| | | 58112 | 만화 출판업 |
| | | 58113 | 일반 서적 출판업 |
| 5812 | 신문, 잡지 및 정기 간행물 출판업 | 58121 | 신문발행업 |
| | | 58122 | 잡지 및 정기 간행물 발행업 |
| | | 58123 | 정기 광고 간행물 발행업 |
| 5819 | 기타 인쇄물 출판업 | 58190 | 기타 인쇄물 출판업 |
| 5911 | 영화, 비디오물 및 방송 프로그램 제작업 | 59111 | 일반 영화 및 비디오물 제작업 |
| | | 59112 | 애니메이션 영화 및 비디오물 제작업 |
| | | 59113 | 광고 영화 및 비디오물 제작업 |
| | | 59114 | 방송 프로그램 제작업 |
| 5912 | 영화, 비디오물 및 방송 프로그램 제작 관련 서비스업 | 59120 | 영화, 비디오물 및 방송 프로그램 제작 관련 서비스업 |
| 5920 | 오디오물 출판 및 원판 녹음업 | 59201 | 음악 및 기타 오디오물 출판업 |
| 7011 | 자연과학 연구개발업 | 70111 | 물리, 화학 및 생물학 연구개발업 |
| | | 70112 | 농림수산학 및 수의학 연구개발업 |
| | | 70113 | 의학 및 약학 연구개발업 |
| | | 70119 | 기타 자연과학 연구개발업 |
| 7012 | 공학 연구개발업 | 70121 | 전기, 전자공학 연구개발업 |
| | | 70129 | 기타 공학 연구개발업 |
| 7013 | 자연과학 및 공학 융합 연구개발업 | 70130 | 자연과학 및 공학 융합 연구개발업 |
| 7020 | 인문 및 사회과학 연구개발업 | 70201 | 경제 및 경영학 연구개발업 |
| | | 70209 | 기타 인문 및 사회과학 연구개발업 |
| 7140 | 시장 조사 및 여론 조사업 | 71400 | 시장 조사 및 여론 조사업 |
| 7153 | 경영 컨설팅 및 공공관계 서비스업 | 71531 | 경영 컨설팅업 |
| 7211 | 건축 및 조경 설계 서비스업 | 72111 | 건축 설계 및 관련 서비스업 |
| | | 72112 | 도시 계획 및 조경 설계 서비스업 |
| 7212 | 엔지니어링 서비스업 | 72121 | 건물 및 토목 엔지니어링 서비스업 |
| | | 72122 | 환경 관련 엔지니어링 서비스업 |
| | | 72129 | 기타 엔지니어링 서비스업 |
| 7291 | 기술 시험, 검사 및 분석업 | 72911 | 물질 성분 검사 및 분석업 |
| | | 72919 | 기타 기술 시험, 검사 및 분석업 |
| 7292 | 측량, 지질 조사 및 지도 제작업 | 72921 | 측량업 |
| | | 72922 | 제도업 |
| | | 72923 | 지질 조사 및 탐사업 |
| | | 72924 | 지도 제작업 |
| 7131 | 광고 대행업 | 71310 | 광고 대행업 |

| 중분류 | | 세분류 | |
|---|---|---|---|
| 7320 | 전문 디자인업 | 73201 | 인테리어 디자인업 |
| | | 73202 | 제품 디자인업 |
| | | 73203 | 시각 디자인업 |
| | | 73209 | 패션, 섬유류 및 기타 전문 디자인업 |
| 7390 | 그 외 기타 전문, 과학 및 기술 서비스업 | 73902 | 번역 및 통역 서비스업 |
| | | 73903 | 사업 및 무형 재산권 중개업 |
| | | 73904 | 물품 감정, 계량 및 견본 추출업 |
| | | 73909 | 그 외 기타 분류 안된 전문, 과학 및 기술 서비스 |
| 7599 | 그 외 기타 사업 지원 서비스업 | 75992 | 전시, 컨벤션 및 행사 대행업 |
| | | 75994 | 포장 및 충전업 |
| 7640 | 무형재산권 임대업 | 76400 | 무형재산권 임대업 |
| 8565 | 직원 훈련기관 | 85650 | 직원 훈련기관 |

제조업-일반

| 중분류 | | 세분류 | |
|---|---|---|---|
| 10 | 식료품 제조업 | 101 | 도축, 육류 가공 및 저장 처리업 |
| | | 102 | 수산물 가공 및 저장 처리업 |
| | | 103 | 과실, 채소 가공 및 저장 처리업 |
| | | 104 | 동물성 및 식물성 유지 제조업 |
| | | 105 | 낙농제품 및 식용 빙과류 제조업 |
| | | 106 | 곡물 가공품, 전분 및 전분제품 제조업 |
| | | 107 | 기타 식품 제조업 |
| | | 108 | 동물용 사료 및 조제식품 제조업 |
| 11 | 음료 제조업 | 111 | 알코올 음료 제조업 |
| | | 112 | 비알코올 음료 및 얼음 제조업 |
| 12 | 담배 제조업 | 120 | 담배 제조업 |
| 13 | 섬유제품 제조업(의복 제외) | 131 | 방적 및 가공사 제조업 |
| | | 132 | 직물 직조 및 직물제품 제조업 |
| | | 133 | 편조 원단 제조업 |
| | | 134 | 섬유제품 염색, 정리 및 마무리 가공업 |
| | | 139 | 기타 섬유제품 제조업 |
| 14 | 의복, 의복 액세서리 및 모피제품 제조업 | 141 | 봉제의복 제조업 |
| | | 142 | 모피제품 제조업 |
| | | 143 | 편조의복 제조법 |
| | | 144 | 의복 액세서리 제조업 |
| 15 | 가죽, 가방 및 신발 제조업 | 151 | 가죽, 가방 및 유사 제품 제조업 |
| | | 152 | 신발 및 신발 부분품 제조업 |

| 16 | 목재 및<br>나무제품 제조업(가구 제외) | 161 | 제재 및 목재 가공업 |
|---|---|---|---|
| | | 162 | 나무제품 제조업 |
| | | 163 | 코르크 및 조물 제품 제조업 |
| 17 | 펄프, 종이 및 종이제품 제조업 | 171 | 펄프, 종이 및 판지 제조업 |
| | | 172 | 골판지, 종이 상자 및 종이 용기 제조업 |
| | | 179 | 기타 종이 및 판지 제품 제조업 |
| 18 | 인쇄 및 기록매체 복제업 | 181 | 인쇄 및 인쇄관련 산업 |
| | | 182 | 기록매체 복제업 |
| 19 | 코크스, 연탄 및 석유정제품 제조업 | 191 | 코크스 및 연탄 제조업 |
| | | 191 | 석유 정제품 제조업 |
| 20 | 화학물질 및<br>화학제품 제조업(의약품 제외) | 201 | 기초 화학물질 제조업 |
| | | 202 | 합성고무 및 플라스틱 물질 제조업 |
| | | 203 | 비료, 농약 및 살균 · 살충제 제조업 |
| | | 204 | 기타 화학제품 제조업 |
| | | 205 | 화학섬유 제조업 |
| 21 | 의료용 물질 및 의약품 제조업 | 211 | 기초 의약 물질 및<br>생물학적 제제 제조업 |
| | | 212 | 의약품 제조업 |
| | | 213 | 의료용품 및<br>기타 의약 관련제품 제조업 |
| 22 | 고무 및 플라스틱제품 제조업 | 221 | 고무제품 제조업 |
| | | 222 | 플라스틱제품 제조업 |
| 23 | 비금속 광물제품 제조업 | 231 | 유리 및 유리제품 제조업 |
| | | 232 | 내화, 비내화 요업제품 제조업 |
| | | 233 | 시멘트, 석회, 플라스터 및<br>그 제품 제조업 |
| | | 239 | 기타 비금속 광물제품 제조업 |
| 24 | 1차 금속 제조업 | 2411 | 1차 철강 제조업 |
| | | 242 | 1차 비철금속 제조업 |
| | | 243 | 금속 주조업 |
| 25 | 금속 가공제품 제조업<br>(기계 및 가구 제외) | 251 | 구조용 금속제품, 탱크 및 증기발생기 제조업 |
| | | 252 | 무기 및 총포탄 제조업 |
| | | 259 | 기타 금속 가공제품 제조업 |
| 26 | 전자 부품, 컴퓨터, 영상, 음향 및<br>통신장비 제조업 | 261 | 반도체 제조업 |
| | | 262 | 전자 부품 제조업 |
| | | 263 | 컴퓨터 및 주변 장치 제조업 |
| | | 264 | 통신 및 방송장비 제조업 |
| | | 265 | 영상 및 음향 기기 제조업 |
| | | 266 | 마그네틱 및 광학 매체 제조업 |
| 27 | 의료, 정밀, 광학 기기 및<br>시계 제조업 | 271 | 의료용 기기 제조업 |

| 27 | 의료, 정밀, 광학 기기 및 시계 제조업 | 272 | 측정, 시험, 항해, 제어 및 기타 정밀 기기 제조업(광학 기기 제외) |
| | | 273 | 사진장비 및 광학 기기 제조업 |
| | | 274 | 시계 및 시계 부품 제조업 |
| 28 | 전기장비 제조업 | 281 | 전동기, 발전기 및 전기 변환·공급·제어 장치 제조업 |
| | | 282 | 일차전지 및 축전지 제조업 |
| | | 283 | 절연선 및 케이블 제조업 |
| | | 284 | 전구 및 조명장치 제조업 |
| | | 285 | 가정용 기기 제조업 |
| | | 289 | 기타 전기장비 제조업 |
| 29 | 기타 기계 및 장비 제조업 | 291 | 일반 목적용 기계 제조업 |
| | | 292 | 특수 목적용 기계 제조업 |
| 30 | 자동차 및 트레일러 제조업 | 301 | 자동차용 엔진 및 자동차 제조업 |
| | | 302 | 자동차 차체 및 트레일러 제조업 |
| | | 303 | 자동차 신품 부품 제조업 |
| | | 304 | 자동차 재제조 부품 제조업 |
| 31 | 기타 운송장비 제조업 | 311 | 선박 및 보트 건조업 |
| | | 312 | 철도장비 제조업 |
| | | 313 | 항공기, 우주선 및 부품 제조업 |
| | | 319 | 그 외 기타 운송장비 제조업 |
| 32 | 가구 제조업 | 320 | 가구 제조업 |
| 33 | 기타 제품 제조업 | 331 | 귀금속 및 장신용품 제조업 |
| | | 332 | 악기 제조업 |
| | | 333 | 운동 및 경기용품 제조업 |
| | | 334 | 인형, 장난감 및 오락용품 제조업 |
| | | 339 | 그 외 기타 제품 제조업 |

## 제조업-첨단 업종

산업발전법 제5조제1항의 규정에 의한 첨단기술산업 '산업집적활성화 및 공장설립에 관한 법률 시행규칙' 제15조 규정에 의한 첨단 업종

| 세분류 | |
|---|---|
| 34110 | 자동차용 엔진 제조업 |
| 34121 | 승용차 및 기타 여객용 자동차 제조업 |
| 34301 | 자동차 엔진용 부품 제조업 |
| 34302 | 자동차 차체용 부품 제조업 |
| 34309 | 기타 자동차 부품 제조업 |
| 35310 | 항공기, 우주선 및 보조장치 제조업 |
| 35321 | 항공기용 엔진 제조업 |
| 35322 | 항공기용 부품 제조업 |

## 제조업-도시형공장

'산업집적활성화 및 공장설립에 관한 법률' 제34조에 의한 공장

| 세분류 | |
|---|---|
| 26296 | 전자접속카드 제조업 |
| 26322 | 컴퓨터모니터 제조업 |
| 26323 | 컴퓨터프린터 제조업 |
| 26329 | 기타 주변기기 제조업 |
| 26120 | 다이오드, 트렌지스터 및 유사 반도체 제조업 |
| 26110 | 전자집적회로 제조업 |
| 262941 | 전자카드 제조업 |
| 26211 | 액정평판 및 디스플레이 제조업 |
| 26410 | 유선 통신장비 제조업 |
| 26421 | 방송장비 제조업 |
| 26422 | 이동전화기 제조업 |
| 26429 | 기타 무선통신장비 제조업 |
| 26511 | 텔레비전 제조업 |
| 26519 | 비디오 및 기타 영상기기 제조업 |
| 26521 | 라디오 녹음 및 재생기기 제조업 |
| 26529 | 기타 음향기기 제조업 |
| 27329 | 기타 광학기기 제조업 |
| 31310 | 항공기, 우주선 및 보조장치 제조업 |

정보통신업

| 중분류 | | 세분류 | |
|---|---|---|---|
| 5821 | 게임 소프트웨어 개발 및 공급업 | 58211 | 유선 온라인게임 소프트웨어 개발 및 공급업 |
| | | 58212 | 모바일게임 소프트웨어 개발 및 공급업 |
| | | 58219 | 기타 게임 소프트웨어 개발 및 공급업 |
| 5822 | 시스템 · 응용 소프트웨어 개발 및 공급업 | 58221 | 시스템 소프트웨어 개발 및 공급업 |
| | | 58222 | 응용 소프트웨어 개발 및 공급업 |
| 6121 | 유선 통신업 | 61210 | 유선 통신업 |
| 6122 | 무선 및 위성 통신업 | 61220 | 무선 및 위성 통신업 |
| 6129 | 기타 전기 통신업 | 61291 | 통신 재판매업 |
| | | 61299 | 그 외 기타 전기 통신업 |
| 6311 | 자료 처리, 호스팅 및 관련 서비스업 | 63111 | 자료 처리업 |
| | | 63112 | 호스팅 및 관련 서비스업 |
| 6312 | 포털 및 기타 인터넷 정보 매개 서비스업 | 63120 | 포털 및 기타 인터넷 정보 매개 서비스업 |
| 6201 | 컴퓨터 프로그래밍 서비스업 | 62010 | 컴퓨터 프로그래밍 서비스업 |
| 6202 | 컴퓨터 시스템 통합 자문, 구축 및 관리업 | 62021 | 컴퓨터 시스템 통합 자문 및 구축 서비스업 |
| | | 62022 | 컴퓨터시설 관리업 |
| 6209 | 기타 정보 기술 및 컴퓨터 운영 관련 서비스업 | 62090 | 기타 정보 기술 및 컴퓨터 운영 관련 서비스업 |

수익형과 차익형 두 마리 토끼를 잡는

# 지식산업센터 투자의 정석

**제1판 1쇄** 2021년 11월 19일

**지은이**      나눔부자(김형일)
**펴낸이**      서정희    **펴낸곳**    매경출판(주)
**기획제작**   ㈜두드림미디어
**책임편집**   우민정    **디자인**    얼앤똘비악earl_tolbiac@naver.com
**마케팅**     강윤현, 이진희, 장하라

**매경출판㈜**
**등록**  2003년 4월 24일(No. 2-3759)
**주소**  (04557) 서울시 중구 충무로 2(필동1가) 매일경제 별관 2층 매경출판㈜
**홈페이지**  www.mkbook.co.kr
**전화**  02)333-3577
**이메일**  dodreamedia@naver.com
**인쇄·제본**  ㈜M-print   031)8071-0961
**ISBN**  979-11-6484-335-0 (03320)

# 매일경제신문사 부동산 도서 목록

해외 부동산 투자,
나는 말레이시아로
간다

MALAYSIA

투자자에게 알려주고 싶은 부동산 블루오션

당신도 건물주가 될 수 있다
원룸
마스터

이웃으로
공무원의 실패 누르다

부동산 투자자,
계약자가 꼭 알아야 하는
부동산
실무 法
용어사전
1,000

부동산 계약 과정을 잘 몰라 부동산 법을 따로 배워할 수 있도록 도와주는
부동산 거래의 핵심 단어 1,000개!

부자가 되기 위한 새로운 패러다임
부자로 환승하라
머니트레인

부동산 투자, 이제는 지하철이 핵심이다!

부동산 투자
인사이트

고수가 알려주는 집값이 움직이는 원리

REAL ESTATE INVESTMENT INSIGHT

그는 어떻게
부동산
1인 창업으로
10억을
벌었을까?

부동산 투자의 숨겨진 진실!

절세법과 이상휴 세무사의
절세의 모든 기술
부동산 법인에 있다!

투자 재테크와 적정 세법이라면 꼭 알아야 하는
부동산 법인 A to Z

공법, 판례, 서식 부동산이의 모든 것
돈 버는
주택임대
관리기법

주택임대관리업은
복합적인 관리업무와 경영활동이다

10%대 수익률을 위한
최고의 부동산 재테크
P2P
투자의
정석

부
동산으로 이룬
자
유의
꿈

아파트 경매,
지역 분석이 먼저다

매매 시세를
중심으로 살펴보는
대박 친
빌딩 투자의
비밀

부자가 되기 위한 부동산 요리법
정준환의
부동산
레시피

요리를 이해는 것처럼
부동산 투자

초보를 위한 취업과 창업 완벽 가이드
잘나가는
공인중개사의
비밀노트

한 권으로 정리한 단기 속성 실무전략

新
명품 토지
중개 실무

다양한 사례와 함께 살펴보는 실무 노하우

돈 길 따라가는
부동산 투자

부동산
세무
Real estate
Tax
Guide Book
가이드북
실전편

2019

지식산업센터 투자 심화 편
부동산 투자,
아파트형
공장이
틈새다

개념부터 쉽게 배우는 부동산 필수 상식
돈 되는 부동산은
따로 있다

300세 형이상 버텨온 토지가 전하는
부동산 투자 비법

2달 만에 월세 200만 원 받는
월세 부자
레시피

이제 당신도 부자가 될 수 있다!

직장인들도
쉽게 따라할 수 있는
新 **부동산 공매**
**가이드북**

실전편

절도·증여·상속의 모든 것

기막힌
**부동산**
**절세**의
**비밀**

생활 속의 세금 상식을 담은
절세 필독서

경공매·NPL 투자자라면 자산가도 꼭 알아야 하는

**부동산**
매매임대사업자
**세무**
가이드북

실전편

**나는**
**부동산 투자로**
**파산자에서**
**100억 부자가**
**되었다**

경쟁하기 싫은 경매 투자자의 신세계

**지분경매,**
**공유지분,**
**독점경매**

남들과 경쟁하기 싫고,
혼자 전부 독식하고 싶다!

대한민국 1%만 알고 투자하는
신\*\*의 재테크
**GPL 투자의**
**기적**

은행 금리보다 10배 이상
고수익 가능한 재테크의 실전

입찰에서 취득까지, 배당에서 명도까지
부동산 경매의 모든 것

**이것이 진짜**
**성공 경매다**

가치 투자로 승부하라!

부동산 전문 아나운서의 재테크 실전팁

**결혼은 선택이지만**
**부동산**
**투자**는
**필수다**

**부자** 되는
**주택**
**임대사업**

이제 대세는 수익형 부동산이다
평생 돈 걱정 없이 사는 월세 부자 되기

**돈 버는**
**공인중개사**는
**따로 있다**

노무현·이명박·박근혜 시대의
**부동산 정책 분석**

**시장을 이기는**
**정책은 없다**

부동산 정책을 알면 시장이 보인다!

**전세가를 알면**
**부동산 투자**
**가 보인다**

서울시 공장경매과
주무관이 알려주는

**부동산**
**거래와**
**판례**

**스타들의**
**부동산**
**재테크**

스타들의 사생활보다 더 궁금한
그들만의 부동산 투자
스타가 좋아하는
부동산은 따로 있다?

**지분 경매로**
**토지 개발업자 되기**

부동산 재테크
**역세권**이
답이다

세무서 3인이 알려주는

**세무조사**
**대비**의 모든 것

향후 5년 부동산 정책 핵심 공략
**문재인 시대**
**부동산 트렌드**

서울시 공장경매과 주무관이 알려주는
**상가임대차**
**분쟁 솔루션**

**주택 연출가**
**무조건 따라하기**

㈜두드림미디어 카페(https://cafe.naver.com/dodreamedia)

Tel : 02-333-3577 E-mail : dodreamedia@naver.com